BANANBÄLTET

– RESOR I ÖSTAFRIKA OCH CUBA

BANANBÄLTET

– RESOR I ÖSTAFRIKA OCH CUBA

Ann Lindvall Arika
Tore Gulbrandsen

"Travel is fatal to prejudice, bigotry, and narrow-mindedness."
Mark Twain

Första utgåvan 2006
Andra utgåvan 2021

© 2021 Ann Lindvall Arika och Tore Gulbrandsen

Översättning av kap 3 från norska: Ann Lindvall Arika
Omslag: Ann Lindvall Arika
Fotografier: Ann Lindvall Arika och Tore Gulbrandsen

Förlag: BoD – Books on Demand, Stockholm, Sverige
Tryck: BoD – Books on Demand, Norderstedt, Tyskland

ISBN: 978-91-7969-950-5

RECENSIONER

"Författarna har prioriterat resandet som sitt största intresse och livsstil. De skrev *Bananbältet* främst för att väcka intresse för de här områdena och inspiration att resa dit. Meningen med Östafrikadelen var att bryta den negativa synen på Afrika som ofta märks i media. Det är inte bara krig, svält och elände utan mycket annat: livsglädje, mänsklig värme, rik historia, otroligt vacker natur. Östafrikas storhet förmedlas på många plan. De betonar att det viktigaste inom resandet är respekt, ödmjukhet och villighet att lära." *Resesajten Backpacking*

"Det är givande att ta del av Anns tankar i mötet med Östafrika, och boken kan läsas för att få inblick i hur det kan vara att resa med ryggsäck i Östafrika. Även delen om Cubaresan är en intressant läsning som ger inblickar i ett land som väcker så mycket olika känslor hos människor. Tores skildring av Cuba gör att man definitivt vill åka dit för att uppleva landet och musiken och inte minst för att bilda sig en egen uppfattning." *Maria Börjesdotter, Avsikter*

"Överraskningar och vedermödor i att ordna lokala resor, gränsövergångar, bemötande på logier och matställen tas upp. I övrigt finns personliga kommentarer, och framställningen präglas av en positiv syn på länder och folk med sin mångfald kulturer och språk. Boken är knappast en resehandbok, men kan ge en del tips och inspiration och komplettera de vanliga reseguider som författarna själva använder." *Olov Tyrstrup, Bibliotekstjänst*

"*Bananbältet* bygger på dagboksanteckningar under tre resor, två i Östafrika som Ann skrivit och en i Cuba som Tore skrivit. ... Alla länderna i Östafrika har sin egen särart. Det är just en sak som engagerar Ann. Många människor tenderar att klumpa ihop Afrika till en enda gröt, men Ann betonar att kontinenten består av 54 länder, vart och ett med sin speciella karaktär. ... Vi läser med nöje Anns och Tores bok *Bananbältet* och ser fram emot de kommande." *Boksajten Bokrygg*

"Boken är skriven på ett lättsamt sätt och i ett lugnt tempo där vi som läsare får följa resenärernas egna upplevelser – allt från de första tankarna ombord på planet, till landning, första anhalten, och i möten med nya platser och människor. Inte så mycket action och spänning kanske, men för den som är ute efter en stunds avkopplande och intressant läsning med massor av rika miljöskildringar är detta klart ett alternativ värt att ta med till hängmattan." *Titti Bengtsson, Outside*

"Bokens mer privata reseskildringar varvas med faktaavsnitt, skrivna i populärvetenskaplig form med inriktning mot olika språkliga, kulturella och historiska förhållanden i de besökta länderna. 'Vi kritiserar den västerländska etnocentrismen och vill försöka ge en mer nyanserad bild av länderna i fråga. ... I upptäckten av det annorlunda hittar jag ofta det universella och gemensamma på flera plan', säger Ann Lindvall i en intervju." *Lotta Solding, Internationell Migration och Etniska Relationer, Malmö Högskola*

"Det enkla språket ger en lättsam stämning åt texten, samtidigt som den insprängda kunskapen förmedlar seriositet. ... Intressanta, personliga reflektioner ger en närhet mellan författarna och läsaren. ... Glädjen är kännbar och smittar av sig ... En vördnad för naturen och för människorna de möter genomsyrar boken. Då och då griper en andlighet tag i läsaren." *Maria Veneke, Mekong Bokförlag*

FÖRORD

Denna bok handlar om resor, dels i Östafrika och dels i Cuba, resor på egen hand. Här skildras resandets glädjeämnen (mest) och förtretligheter (inte så mycket). Det är inte någon objektiv reseskildring; det är snarare en skildring av två resenärer.

Andra publicerade böcker om resor är *Korallbältet – resor i Melanesien och Mikronesien, Härhemma i Honiara – mitt liv i Salomonöarna* och *Solomon Grassroot*. Planerade är *Kokosbältet – resor i Polynesien* och *Bambubältet – resor i Öst- och Sydöstasien*. Det finns, kan någon invända, bananer även i Sydöstasien, bambu i Polynesien och kokospalmer i Östafrika. Visst är det så. (Nästan) alla resorna äger rum där det växer bananer, bambu och kokospalmer, i den tropiska zonen mellan Stenbockens och Kräftans vändkretsar. Det är där författarna trivs bäst. Men varje boktitel har sina särskilda skäl. Denna bok har fått sitt namn efter det stora banandistriktet med milsvida odlingar i södra Uganda och för att bananen följt oss genom resorna. Som en röd tråd i boken går kärleken till resandet och respekten för människorna i länderna.

Lund med utsikt över Öresundsbron
10 mars 2006, 2 september 2021
Ann Lindvall Arika

Nettopp ankommet Paris, sitter på Café Les Anemones i Oberkampf med te og tarte Tatin da jeg hører … Buena Vista Social Clubs musikk … Tankene flyr til Cuba hvor vi var for 2 år siden … Den smektende, sensuelle cubanske musikken … Var svært glad da vi begynte å planlegge denne boka. Håper du også får glede av å lese det og lar deg inspirere til en egen tur, eller drømme deg bort i engang du var der …

Café Les Anemones, Paris
20.februar 2006, 2 september 2021
Tore Gulbrandsen

INNEHÅLL

DEL I: ÖSTAFRIKA 1992 Ann Lindvall Arika

Första stopp Kenya

Parisiskt strul

Jag sitter på planet Paris–Nairobi. Det är juni 1992. Ibland sover jag, och så vaknar jag och förstår vart jag är på väg: till Östafrika med några vänner; vi flyger på 10 000 meters höjd och är omgivna av den svarta natten. Jag känner förvirring, förväntan och isande sekundsnabb skräck.

Mina reskamrater är norsken Tore och danskarna Christian och Lone. Tore och jag gör sällskap från London, de andra finns redan i Nairobi. Alla har varit i Kenya förut utom jag.

Bara att vi sitter på planet är ingen självklarhet. Jag började resan i morse, vid svävarterminalen i Malmö (det här var före Öresundsbron), med byte i London och Paris. Jag kände mej inte speciellt glad, vemodig. Jag skulle möta Tore i London vid incheckningen på Heathrow. Jag väntade och väntade, men han kom inte. Vad var detta? Hade det hänt något? Var han överkörd? Skulle jag åka själv? Det kändes inte roligt. Medan jag stod där och funderade kom han, glad och förväntansfull! I sista minuten. Det skulle bli signaturmelodin under våra många många resor tillsammans. Vänta-på-Tore.

Tore som jag träffade på färjan mellan italienska Brindisi och grekiska Patras två år tidigare och som jag pratade engelska med länge innan vi kom på att vi var grannfolk och som jag hållit kontakt med sen dess, som jag rest många gånger med och skrattat mej fördärvad med och irriterat mej på. Finns det syskonsjälar så är det vi.

Vi bordade alltså planet i London, med byte i Paris. Det var Tore som ordnat biljetterna, och jag hade nog inte studerat resplanen så noga, så jag fattade inte att vi fick en halv dag i Paris. Inte helt fel. Vi hann fotografera oss vid Triumfbågen och klättra uppför trapporna till Sacré-Cœur. Sen satt vi på Place du Tertre och njöt. Tore drack te, jag vin, det blev ett glas eller två.

Det var nog tur att inte båda drack vin, för när vi skulle ta lokaltåget ut till Charles de Gaulle-flygplatsen blev det strul. Tågen hade slutat gå, i varje fall de tåg som vi skulle ta. Nu gällde det att ha is i magen, vara spik, kunna franska. Tore var spik, jag kunde franska. Vi blev skickade hit och dit, sprang i långa gångar. Ändå var jag inte orolig. Med Tore som ressällskap som är så resvan kunde det bara inte hända något. Därför blev jag uppriktigt förvånad när han bet på naglarna. Men till sist ville ödet att vi skulle komma iväg; vi hoppade över några avspärrningar och sprang till en annan perrong med ett tåg som just skulle gå. Vi hann fram till gejten precis tio minuter före avgång. Bingo. Vi fick ovett av incheckningspersonalen.

Nu sitter vi och försöker sova, medan det dova ljudet från jetmotorerna skvallrar om att vi befinner oss tio kilometer uppe i luften. Det är som mellan Malmö och Åkarp, uppåt.

Nairobi

På morgonen landade planet på Kenyatta Airport. Efter alla formaliteter tog vi en flygbuss till Nairobi centrum. Medan vi skumpade fram på den i sällskap med en korean, granskade jag himlen misstänksamt: det var mulet och kyligt, bara 18–20°. Mulet? Kyligt? Vad var nu detta?? I min världsbild är himlen alltid blå i Afrika, och det är alltid varmt (vaddå förutfattade meningar om Afrika?).

Nu fick jag min första bild av Nairobi: en modern miljonstad med skyskrapor, eleganta avenyer, indiska kvarter: en av de största metropolerna i Afrika. Flygbussen slingrade sej runt i centrum, och till sist var det bara vi kvar, koreanen också. Bussen värpte av oss vid vandrarhemmet Nairobi Youth Hostel på Ralph Bunche Road, väster om centrum och Uhuru Park. Ett mycket trevligt och charmigt vandrarhem med höns och tuppar men nedgånget och slitet. De planerar just att riva och bygga nytt. Sängarna verkade okej. Vattnet i duschen fungerade inte, men de hade ställt in hinkar med öskar, det går ju också bra. Men det var kyligt och olustigt.

Vi fick plats i var sin sovsal och gick för att duscha. En kenyansk kvinna duschade samtidigt som jag. Hon hade huvudet täckt med en kanga, sarong, men jag såg ändå att ansiktet var deformerat. Jag har sett liknande förut, på en åttaårig flicka från Ghana där halva käken var bortfrätt av infektioner.

Medan vi satt i sällskapsrummet och planerade vår vistelse i Nairobi började det regna, och mitt humör sjönk i takt med kvicksilvret. Detta var då katten! Men det var bara en skur, och efter den tog vi en matatu, minibuss, ned till centrum, korsningen Kenyatta Avenue–Moi Avenue–Kimathi Street, och till Thorn Tree Café. Vår lunch, "Vegetarian jalfraizi" med basmatiris, chutney, bananer och kokos, smakade härligt.

På New Stanley Hotel intill pågick ett societetsbröllop. Vi var med och hurrade för brudparet. Det låg fest i luften. Bröllop är trevliga, alla är glada, och det är alldeles legitimt att fotografera.

På konsthantverkskedjan African Heritage fick jag för första gången höra den östafrikanska lingalamusiken. Den skulle bli vår följeslagare under hela resan, ibland öronbedövande, alltid underbar. Här var det en grupp handikappade ungdomar som spelade, ös. Vi drack iskall Tusker, ölet heter så här. Alldeles intill ligger den vackra Jamiamoskén med de silverglänsande kupolerna. Där provianterade vi: på Moktar Daddah Street i de indiska kvarteren köpte vi moskitnät, och på Ibrahim Supermarket melonvin som smakade kanon!

Kl. 17.30 prick föll mörkret, och vi återvände till vandrarhemmet. Vi hade träffat några européer som tvunget ville gå på pizzeria. I Kenya. Men okej, kan man gå på pizzeria i Sverige kan man väl göra det i Kenya. Vi gick på Trattoria. Kenyanskt rosévin. Så blev det vår första kväll och natt i Kenya, med rå nattkyla, knöliga madrasser och knirkande sängar. Men i alla fall. Resguden log.

Jag visste inte att jag skulle komma att resa så mycket. Egentligen visste jag inte så mycket alls, när jag som tjugoåring stod med vidöppna ögon inför livet. Jag hade inga speciella idéer eller föreställningar om mitt framtida liv. Inte heller nu kan jag föreställa mej mitt liv en fem år framåt. Jag vet ungefär vad jag ska göra om ett par månader eller ett halvår, men det är också allt.

När jag jämför med personer "hemma" tycker jag nog att jag reser mycket – det tycker de också och låter lite avundsjuka. Men när jag träffar personer ute, på mina resor, tycker jag att jag reser lite. De kan vara ute i åratal; det kan vara ungdomar, medelålders eller gamla, mest ungdomar. De reser ensamma eller i par, och jag avundas dem. Nu är det jag som är avundsjuk, 20-åringar i våra dagar har så många möjligheter, annat var det när jag var i den åldern etc.

Det har i alla fall blivit en del resor, både privat och i tjänsten. För ett och ett halvt år sen, i Siem Reap i Kambodja, kom jag på idén att sy fast flaggor på min ryggsäck, en för varje land. Det blev precis 50 stycken. Sen kom jag på idén att skriva en bok, och det blev fler ...

Mer och mer har längtan vuxit fram att samla alla intryck i bokform. Resor inom Europa kallar jag "små" resor, och de är inte med. Det betyder inte att de inte varit värdefulla eller givande, men någonstans får man ju dra gränsen. De första "stora" resorna var Indien–Sri Lanka 1976 och USA–Mexiko 1979, men då skrev jag inte dagbok; de har förlorat sej i glömska och är inte heller med. Resten av de "stora" resorna har gått till delar av Afrika, Asien och Söderhavet, och det är dem som mina böcker handlar om.

Nu har jag inte bara rest. Jag har också arbetat som lärare i svenska som andraspråk i 18 år sådär. Då träffade jag människor från hela världen och lärde mej några språk. Jag har doktorerat i allmän språkvetenskap, och nu arbetar jag som universitetslektor, återigen med människor från hela världen. Så i princip behöver man inte resa så långt för att uppleva den stora världen. Det räcker att åka buss i Malmö. Men i alla fall.

En dag i september med varm sol läser jag i tidningen, att någon kallar dagen "inte höst och inte sensommar, utan mogen sommar, precis som mina 55 år", och det stämmer precis på mej, just precis mogen sommar. Nu sitter jag och tänker på alla mina resor, på hur glad jag är att ha fått göra dem och på att jag vill göra många fler.

Så dessa böcker innehåller mycket resor, mycket språk och mycket egna funderingar.

Museum och kulturcenter

National Museum of Kenya ligger i Nairobis norra delar, eleganta områden med privata bostadsrätter. Utanför står den legendariska elefanten Ahmad uppstoppad som levde under Jomo Kenyattas personliga beskydd tills han dog, Ahmad alltså. Jag fotograferade honom för säkerhets skull, Ahmad alltså, utifall jag inte skulle få se någon levande. Fast det fick jag. Museets arkeologiska och etnografiska samlingar hade en fascinerande utställning om människans ursprung i Östafrika, levandegjord med modeller i naturlig storlek mot en savannfond.

Det står så gott som oemotsagt att vi alla härstammar från Östafrika. Ligger det någon sanning i Evahypotesen? Och när blev människan människa?

På vägen utanför museet fanns dignande fruktstånd med bananer, ananas, papaya, mango, passionsfrukt. Av de trevliga försäljarna köpte jag en klase bananer till lunch. På vägen passerade jag Nairobi University som åtnjuter internationell prestige, särskilt inom lingvistik. Kanske kan jag en gång forska i swahili här? Jag försöker lära mej lite när jag nu är här. Det ska väl inte vara så svårt! *Karibu* 'Välkommen' och *Asante sana* 'Tack så mycket' går väl an, och *Habari*? 'Hur står det

14

till?' och *Mzuri* 'Bra', och *Kwa heri* 'Adjö' när man skiljs, det ska man väl kunna smälla i sej. Swahili är ett socialt språk, och hälsningsfraser spelar en viktig roll.

Bomas of Kenya Cultural Centre, ungefär 20 km utanför Nairobi, visar danser, och jag försökte hitta en matatu dit. Det var inte så lätt, jag blev skickad hit och dit på den bökiga matatustationen. Nr 24 jaha. Vrålande motorer, hojtande människor och skrällande musik. Jag hann gå upp och ned på Kenyatta Avenue tre gånger innan jag hittade 24:an. Den var fullproppad, men ingen matatu är så full att det inte går att trycka in några till. Under färden kom jag i samspråk med en ung kvinna i gul dräkt, hon berättade att hon tillhörde danstruppen. Väl framme visade hon mej vägen, vi gick över en äng med högt gult gräs.

Bomas ligger vackert i gröna omgivningar, ett slags Skansen. Uppförda byar med hus i traditionella byggstilar representerar några av de etniska grupperna i Kenya: kikuyu, luyia, luo, kisii, massaj, taita, kuria, nijikonda. I huvudbyggnaden, en enorm vacker cirkelformad byggnad med spetsigt tak, finns en informativ permanent utställning över de etniska grupperna.

Dansen pågår i den stora hallen i huvudbyggnaden som är byggd som en amfiteater. Dansarna, klädda i blå och roströda kläden, leopard-skinn och annat, ingår i en professionell trupp som framför de olika folkgruppernas danser. Jag känner igen kvinnan från matatun och hon ler mot mej, men nu är hon klädd i bastkjol. Svettiga män trakterar stora trummor, musiken är starkt rytmisk. Jag är trollbunden. Trummorna går rakt in i blodet. Jag får ett slags uppenbarelse, så här måste det ha känts för utlänningar som kom till Afrika förr, David Livingstone och Henry Stanley och andra som inte sett det på tv innan. Det var alldeles nytt för dem. De måste också ha blivit trollbundna. Eller? Såg de sina värdfolk som underlägsna? Som fanns till bara för dem? Som ett hinder för deras egna syften?

Den fantastiska föreställningen varade i två timmar. Omtumlad var jag tillbaka i Nairobi. Kvällen tillbringades på Safari Club på New Stanley Hotel, lite vräkigt, och jag provade drinken Kenya Gold.

Nästa dag var Lone och jag på City Market. Där var det lite otrevligt, försäljarna var så enträgna att vi skulle köpa av dem att jag nästan kom i panik. Detta har blivit värre sen sist, enligt Lone. Ekonomin har försämrats och folk är desperata.

15

Växlingskurs 1992 (jämför med 2004)
Valuta 100 KES (kenyanska shilling) = 20 SEK (svenska kronor)
Lathund: Man tar ett pris och delar med fem, så får man svenska kronor.

Prisexempel 1992
En kaffe 20 KES
En öl 30 KES
En klase bananer 30 KES
En kokosnöt 6 KES
Enklare lunch 120 KES
Dyrare middag 200 KES
Minibuss inom tätort 5 KES
Taxi inom tätort 100 KES
Ett enkelt hotellrum 200 KES

I alla fall köpte vi var sin kanga, sarong, hon en lila och jag en gul. På Kenyas Telia köpte jag ett telefonkort och ringde till Sverige från en automat (det här var före mobilerna).

De traditionella kenyanska kangorna har alltid ett tryckt talesätt på swahili. Mitt lyder som så: NIKIWAKO SIPENDEZI NAKUNIKOSA HUWESI. Jag försökte få det översatt, men det verkar alldeles omöjligt; antingen är talesättet starkt metaforiskt eller kulturbundet.

Jag kom att få mycket användning för min kanga under resan, och den hänger på min vägg hemma. Den är jättefin, men det är klart att den har fått konkurrens genom åren. Allt som allt har jag ett 35-tal saronger. De används som gardiner, lakan, borddukar, väggdekorationer och, naturligtvis, som saronger.

Hurra för internet! Nu, år 2005, har jag efter lite surfande äntligen hittat översättningen på en sajt med namnet "Kanga writings". Det betyder: MY PRESENCE DOESN'T PLEASE YOU AND NEITHER CAN YOU AFFORD TO BE WITHOUT ME. Så nu vet vi det!

Språk i Kenya

Det officiella språket i Kenya är engelska, men swahili har status av nationellt språk. Inte alla av landets 32 miljoner kan engelska eller ens swahili, det är långt ifrån allas modersmål. Kenya har totalt 61 språk, varav ett tiotal större, med en miljon talare eller fler.

Kenya kan stoltsera med grenar till hela tre språkfamiljer: bantuspråk (t.ex. kikuyu, luyia, kamba, swahili), nilenspråk (t.ex. luo, kalenjin, massaj, turkana, samburu) och kushitiska språk (t.ex. somali). Språken kan därmed vara olika som svenska, finska och turkiska. De indiska minoriteterna talar gujarati och punjabi.

16

Varje språk är koncentrerat till geografiska områden i Kenya, de största har egen skolundervisning. Över alla ligger swahili som ett paraply. Endast några hundratusen på östkusten har swahili som modersmål, för övrigt används det som kommunikationsspråk mellan personer med olika modersmål. Alla barn lär sej swahili som andraspråk i skolan. Äldre personer som inte gått i skolan kan naturligtvis mindre swahili, men hälsningsfraser och vissa vanliga ord verkar alla kunna.

Uganda

Gränstrubbel

På kvällen skulle vi åka till Uganda. Vi stod där på Akambabolagets bussterminal i den svarta varma kvällen, kvällarna är märkligt varma hur kyliga dagarna än är; det är som om värmen lagrats i stenväggarna. Två handikappade kvinnor sålde bastväskor i jordfärger. Jag hade redan skaffat fler prylar än jag kunde bära och köpte en väska för att rymma dem. Hur det skulle gå sen med mitt bagage sköt jag på framtiden. Väskan hänger nu i min hall.

Nya äventyr! Men natten skulle inte bli så rolig. Ljuset släcktes nästan genast, så det fanns inte mycket att göra än att försöka sova. Ute var det kolsvart. Det blev snart mycket kallt, och bussen skakade och skramlade på den ojämna vägen. Jag drog kangan över huvudet, det hjälpte lite. Två gånger var det kontroll av militär. Alla passagerare snubblade ut huttrande i den kyliga natten, medan soldater med kamouflageuniform och automatvapen kontrollerade våra pass och förhörde sej om vart vi skulle.

Mitt i natten gjorde vi paus i en mindre stad. Sömndruckna och på stela ben gick vi in på ett café med arabisk inredning, och där fick jag det godaste te jag någonsin smakat, med mjölk, ingefära, kardemumma och muskot. Jag åt en köttfärspirog värmd i mikro och blev strax varm i hela kroppen. Resten av resan sov jag gott. Det där lilla caféet skulle stå som i ett förtrollat ljus i mitt minne.

Framme! Det vill säga vid den ugandiska gränsposten Malaba sex på morgonen. Jag sov djupt och vaknade häftigt och tumlade ut ur bussen. Vi skulle gå från kenyanska sidan över en bro till den ugandiska. Yrvakna och desorienterade var vi ett lätt byte för skummisar, och inom fem minuter var vi avlurade 400 kenyanska shilling för att de hade burit bagaget 100 meter. När vi protesterade kallade de på en ännu skummare figur med halmhatt och falsk polislegitimation. Ett tiotal män stod i ring runt oss och uppträdde hotfullt, så vi var i rätt dåligt förhandlingsläge och valde att betala. Dumt nog hade jag litat på de andras resvana och inte kollat upp pris och avstånd i förväg. Att man är extra sårbar tidigt på morgonen säger sej självt. Senare har jag förstått att vi hade tur som "bara" förlorade 400. Det florerar vandringslegender om offer som blivit av med hela reskassan första timmarna i Nairobi. Inte genom våld alltså utan genom lurendrejeri. Ibland är det otroligt hur naiva vissa turister är. Sens moral: Tänk dej *alltid* för! Var *alltid* förberedd!

Vid bron tog ugandiska bärare vid, och de gjorde verkligen skäl för sina anspråk på ersättning, 200 för en betydligt längre sträcka. Nu är vi i alla fall i Uganda. Mina gamla minnesbilder från massmedia om skräckväldet under Idi Amin och den efterföljande turbulensen 1971–1986 dyker upp som tv-reklam innanför mina ögonlock, trots att landet haft fred i sex år. Polis, passkontroll, tull tar sin tid. O, hos polisen ser jag tre pojkar i 10–12-årsåldern, grå av damm och smuts och slagna i *kedjor*. Ett litet runt plåtskjul har namnet Crime Office. Överallt soldater med automatvapen.

Vi gick genom den lilla bygatan kantad av illegala växlare och kom till en matatastation (det ugandiska ordet för matatu, minibuss alltså). Byn var annorlunda än Nairobi, men så var det ju ett annat land också. Fler människor gick traditionellt klädda. Kvinnorna hade kanga och blusärmar med "vingar", barn på ryggen. Getter, runda lerhus med basttak. Medan vi väntade på att matatan skulle bli full – den går inte förrän då – drack Tore te på en liten servering. Jag var alldeles för stressad för att våga lämna matatan och därmed missa den. Onödig försiktighetsåtgärd: alla visste att vi fyra vita skulle med och skulle också se till att vi gjorde det.

Då! Christian ställer sej att fotografera en soldat! På en gränspost! Utan tillåtelse!!! Polisen suger honom direkt, och han får följa med till finkan. Vi andra tittar oroligt på varandra. Det var dumt gjort, sa jag. Meget dumt, sa Lone. Veldig dumt, sa Tore. Vad ska nu hända?

I finkan får Christian ta emot en utskällning och hotelser. Men efter att poliserna tryckt av resten av filmen på hans rulle släpper de honom (det här var före digitalkamerorna). Lugnet lägrade sej åter, men incidenten med bagaget, de tre fängslade pojkarna och nu fotograferingen gjorde att mina första intryck av Uganda inte blev de bästa. Plus minnena av nyhetsrapporteringarna från kriget.

Någon timme senare kom vi iväg. Konduktören gick runt och tog upp betalning, 3300 ugandiska shilling, (ungefär 16:50 kr, för fyra timmars resa). Men oj. Jag hade inte tänkt på att växla i Malaba. Nå, då fick det bli i Kampala, de väntade så gärna. Uganda visar sej plötsligt från sin bästa sida. Vi märker skillnaden efter att vi passerat den obehagliga gränsbyn av fixare och illegala växlare. Folk har mer tid, är mer toleranta och hjälpsamma. Allt går i ett lugnare tempo. Men: är det skillnad Uganda–Kenya eller landsbygd–storstad?

Jag sov nästan hela tiden som en klubbad oxe i den fullpackade matatan. När jag någon gång vaknade upp noterade jag frodig grönska och bananodlingar. Bananbältet ja. En regnskur. En punktering förde oss in på en bensinstation med verkstad. Väldigt hett! En klunga barn kom förtjust fram och tittade på oss. En utmärglad, uppenbarligen dödssjuk ung kvinna leddes förbi av sina anhöriga. Aids?

Kampala

Så var vi framme i Kampala, där matatan stannade på en stor nedsänkt plan, en jättelik parkeringsplats med massor av andra matator (heter det så?). Sen dess skulle vi alltid kalla den platsen för "matatagropen". Vi hade fortfarande varken växlat pengar eller betalat för oss. Föraren lät tre av oss gå ut och växla, medan Christian och bagaget blev kvar som pant. Staden var ett virrvarr av slingrande gator med röd lera, sliten, krigsmärkt, deprimerande. Banken var en skrämmande grå koloss. Jag var rädd.

Växlingen tog sin tid, en dryg timme. Ny valuta, ny huvudräkning. Vi fick *massor* av sedlar för våra US-dollar, så mycket att vi kröp på golvet på banken och la upp staplar. Vi kände oss stormrika. Tyvärr gick pengarna åt lika snabbt som de kom.

Växlingskurs 1992 (jämför med 2004)
Valuta 1000 UGS (ugandiska shilling) = 5 SEK (svenska kronor)
Lathund: Man tar ett pris, stryker två nollor och delar med två, så får man svenska kronor.

Prisexempel 1992
En kaffe 600 UGS
En öl 1000 UGS
En klase bananer 200 UGS
En kokosnöt vet ej
Enklare lunch 1800 UGS
Dyrare middag 4000 UGS
Minibuss inom tätort 500 UGS
Taxi inom tätort 1000 UGS
Ett enkelt hotellrum 12000 UGS

Men hur skulle vi nu hitta vår matata bland de hundratals fordon som stod parkerade i tidernas kaos i matatagropen? Ingen fara, precis *alla* kände till oss och visade oss rätt väg. Vi betalade, tog vårt bagage och klättrade uppför slänten ur gropen. Nu var det duktigt hett, och vi hade druckit för lite vatten. Jag halkade med min tunga ryggsäck och mina hala sandaler. Bagaget for åt alla håll, och svetten lackade. En man hjälpte mej upp. Vi måste hitta ett hotell och det illa kvickt. Vi vandrade meningslöst hit och dit i den blöta leran och försökte orientera oss efter Lonely Planet, den kända gudeboksserien, tills vi klokt nog kom på att dela upp oss. Tore och Christian gick iväg, medan Lone och jag väntade med bagaget utanför en bilverkstad. Genast kom mekanikerna fram med två stolar till oss, och så satt vi där som två African Queens. Det lilla enkla hotellet Gloria Hotel i stans västra delar hade rum. Personalen var vänlig, men toalett och dusch luktade illa. Ett plus: till våningsplanet hörde en charmig terrass med härlig utsikt. Vi satt en stund och pustade ut och njöt och drack massor av te. Hela tiden lingala steelband på högsta volym. Så gick vi ut och tittade på stan.

På Sikh Street står hindutemplet kvar som ett minne av de mångtusentals indier som drevs ut 1972 under Idi Amins regim. En av huvudgatorna, Nakivubu Road, var full av affärer, en bokhandel hade svindyra vykort. Det tycks för övrigt gälla alla lyxvaror, att de är svindyra. Frukt däremot är billigt. Nå, det är inte mer än rätt. Vatten på flaska kostade 3500 ugandiska shilling, det vill säga 17 kr! Ska det vara lyx, rent vatten. Liksom i före detta östblocket fanns det speciella dollarbutiker där varorna bara kostade en tredjedel mot i vanliga butiker.

Östblocksstuket gällde också middagen på den glassiga restaurangen Nile Grill, där det mesta på den långa menyn "inte fanns", och det gällde inga lyxrätter utan rätt enkla grejor såsom "Vegetable curry", det borde väl ha gått att fixa. Servitörerna var i alla fall jättetrevliga, vänliga och värdiga. Christian blev sjuk, fast han hade besvär redan innan.

Det råder utegångsförbud efter kl. 19, vi strövar hemåt innan det blir för sent, hinner med en öl på en trivsam servering som vi blir så förtjusta i. Efter mörkrets inbrott ligger gatorna helt öde. Lite lummiga går vi fel och frågar tre unga män efter vägen. Hm. Inte bra att vara ute i mörkret, och ännu mindre bra att vara lite lummig. Men hem kommer vi. På hotellet står två beväpnade soldater. Det var den första kvällen och natten i Uganda. Allt var lycka och förväntan.

Kungligheter, Österlen och Sheraton
Nästa morgon står vi på terrassen och känner värmen omsluta oss, fylla oss och mjuka upp våra spända muskler. Det är mycket varmare i Kampala än i Nairobi, redan 25 grader. På gården nedanför terrassen tvättar en kvinna kläder i en balja. Bakom henne syns gula stenhus, gator av röd lera och gröna palmer. Luften är fuktig och frisk.

Vi beställde frukost, Tore och Lone te, Christian och jag kaffe. Efter en stund kom servitören med frukosten och två stora kannor: – This is tea, and this is coffee! Men hur det nu var så blandade vi ihop de båda kannorna, och sen kunde vi inte avgöra vad som var vad, så svagt var det. Kaffe och te är väl också lyxvaror kantänka, även om de odlas i landet.

Vi hade bestämt oss för att besöka kungamausoleet Kasubi Tombs utanför Kampala och tog en taxi dit. I den lilla receptionen fyllde vi i en gästbok, betalade ett blygsamt inträde och träffade guiden Moses, som var mycket sympatisk, avspänd och kunnig. Kasubi Tombs var imponerande. Inne i själva mausoleet tog vi av oss skorna och satte oss på bastmattor. Kvinnliga besökare måste täcka benen. Ögonen vande sej snart vid halvdunklet medan vi lyssnade på Moses.

Kasubi Tombs byggdes 1881. Den rymliga byggnaden, som omges av en vidsträckt gård, är cirkelformad med ett koniskt tak. Den är helt uppförd i naturmaterial: trä, strå, vass, bark. Taket hålls uppe av 10–15 meter höga pelare. Pelarna, som representerar de 52 klanerna inom bagandadynastin, och innerväggarna är klädda med barken från en fikonart, Ficus natelecise, som bearbetats mjuk. Den arten och den tekniken finns bara här runt Kasubi Tombs.

Byggnaden var ursprungligen ett palats för kungarna inom bagandadynastin. Nu är den ett levande mausoleum för fyra av de senaste kungarna: Mwanga I från 1800-talet, Mwanga II, Daudi Chwa II och Muteesa II. Den sistnämnde blev republiken Ugandas första president fram till militärkuppen 1966. Mausoleet är levande, eftersom gravarna vaktas av ättlingar till dessa kungars änkor, som turas om att bo här en månad i taget. Här finns porträtt, spjut, riksregalier och den första kungens uppstoppade leopard. Själva gravarna är avskilda från det övriga rummet och får inte besökas av allmänheten.

Det var högt i tak, svalt och fridfullt. Tre kvinnor, släktingar till kungarnas änkor, satt i halvdunklet och talade lågmält. De lät sej fotograferas mot en mindre donation.

Lite tagna av den mäktiga och samtidigt fridfulla atmosfären lämnade vi mausoleet. I den lilla souvenirbutiken vid entrén hade de verkligt vackra föremål i den mjuka fikonbarken, trä, batik, och man kunde handla i lugn och ro, ingen stress. Jag föll för en liten trumma, 12 cm i diameter, en minimodell av de kungliga mujaguzotrummorna. Den får representera det fina minnet från Kasubi Tombs. Numera hänger den på min vägg, tillsammans med en korg att koka ris i från Laos och en intressant torkad blomställning från Samoa.

Utanför Kasubi Tombs ligger en militärbas, och nedanför den kom vi i samspråk med en familj som bodde där. De hade en nyfödd baby i rosa sparkdräkt som jag fotograferade mot bakgrund av ett jättelikt bougainvilleaträd, också lysande rosa. Jag lovade skicka dem fotot, vilket jag också gjorde. Folk kom springande, förtjusta över kontakten med oss. De var så rara att vi skämdes. Men sen träffade vi en norsk missionärsfamilj. De berättade att en annan familj råkat ut för ett överfall när de kom körande med bilen. Mannen överlämnade genast nycklarna till bilen, men ändå sköt de ihjäl honom på fläcken. Den historien är troligtvis sann, likaväl som mina positiva upplevelser är sanna.

Nere på stora vägen tog vi en matata tillbaka till centrum och passerade bygator med marknadsstånd, bananer hängde i klasar, och jag tänkte att detta är inte sant, jag är i Uganda och åker i en matata genom en by med marknadsstånd med bananer. Bananbältet.

Tillbaka i Kampala gick vi i sakta mak på en liten marknad. Dagens fynd var en grön plastmugg med zebror på. Den köpte jag av en mycket trevlig kvinna, och vi skojade en stund. Det är så lätt att tala med folk här. De är öppna och vänliga, och påfallande många kan engelska. Muggen använder jag fortfarande, tretton år senare.

På trappan till postkontoret på Kampala Road satt en mycket vacker kvinna och sålde jordnötter. Hon hade en konstfull frisyr, med talrika små flätor över huvudet. Hur gärna hade jag inte velat fotografera henne, men jag var för blyg för att fråga. Det var inte Tore. Hon drog fnittrande till med "50 shilling", och det fick hon. Sen fick jag en kopia av honom. Vi kallar henne för "the Ugandian Bell".

Efter en lunch på Nile Grill, där jag äntligen fick min Vegetable curry, gick vi till matatagropen, busstationen dit vi kom igår. (Igår? Var det verkligen igår? Det känns som för flera veckor sen.) Vi åkte till Entebbe, inte till flygplatsen utan till staden vid Victoriasjön, och därefter vidare till ett strandhotell.

Här verkar det tomt och dött, men till sist kommer en servitör, och vi beställer läsk. Här är fint, det liknar Österlen. Det tragiska är att det finns bilharziabärande snäckor i sjön. Alla de tjusiga hotellanläggningarna och allt som investerats i dem har gått om intet, en ekonomisk katastrof. Vi vågar inte ens vada i vattnet, bilharzialarverna tar sej in genom huden. Sorgligt! I stället tar vi en promenad bortåt en äng, där

23

en hjord långhornad boskap betar, djuren har säkert två meter mellan hornspetsarna. Folk tittar på oss, lite avvaktande.

Tillbaka i Kampala, trängsel och trafikkaos. På en höjd ligger Kampala Sheraton, så vi fick gå och pusta uppför – Kampala kallas för övrigt "staden på sju kullar". Sheraton är inte riktigt min stil, men den här inredningen var verkligen något enastående, mycket smakfull, med bambubalustrader, träsniderier, palmer, batikdukar. I deras trädgårds-paviljong beställde vi African Buffet, kyckling, lamm, fisk, jams, bakad banan, ananas, vattenmelon, allt. Det kostade inte mer än en ordinär pizza i Sverige men var naturligtvis otänkbart för alla utom den ugandiska överklassen och utlänningar. Kökschefen som dök upp visade sej vara dansk, Bjarne. Han lät oss åka upp till 12:e våningen och beundra den strålande utsikten. Lone och jag prövade waragi, ugandisk gin. Ett musikkapell i trädgården. Taxi hem, beväpnade vakter på gatorna. På natten hördes skottlossning.

Oavsett vakter och skottlossning har jag börjat tycka mer och mer om Uganda, kanske till och med mer än om Kenya. Det har nästan inte varit några misshälligheter alls. Kanske *en* negativ reaktion: en man väste "mzungu", 'vit, västerlänning', och knuffade till mej. Förutom detta: positiva, värdiga, vänliga människor. Fasta priser, inget schack-rande och absolut ingen stress.

Språk i Uganda

I Uganda är engelska officiellt språk. Luganda är annars det största talade språket med 3 miljoner talare och det dominerande i huvudstaden Kampala. Liksom i Kenya och de flesta länder i Afrika finns det en rik mångfald av språk. I hela landet med 26 miljoner invånare talas 43 levande språk, varav sex språk har mer än 1 miljon talare var.

Uganda har två språkfamiljer med sammanlagt tre språkgrenar: bantuspråk (t.ex. luganda, nyankore, chiga, soga), nilenspråk (t.ex. teso) och centrala sudanspråk (t.ex. rwanda) (varav de två sistnämnda grenarna ingår i den nilo-sahariska språkfamiljen). De nilo-sahariska språken är fler och större här än i Kenya: naturligtvis, de har fått sitt namn för att de tillhör den familj som talas nära Nilen, och Nilen rinner ju genom Uganda. Ungefär 150 000 indier har stannat eller kommit tillbaka efter utdrivningen 1972, de flesta talar gujarati.

Marknad och matatagrop

St. Balikuddembe-marknaden är Östafrikas största marknad. Den börjar med klockor och plastgrejor och slutar med en fantastisk grönsaksmarknad. På marknaden finns allt: frukt, grönsaker, spannmål, bönor, torkad fisk, äckligt kött med flugor, kryddor ... Jag väckte en smula uppmärksamhet som vit där jag gick, men en ganska vänlig sån. Här köpte jag en samosa, som jag åt på stället, och så bananer, passionsfrukter, ananas, papaya, te, mald ingefära. Hela kalaset gick på 900 shilling, 4:50 kr alltså. Det blev tungt, och hur skulle jag kunna äta upp allt, men jag kunde bara inte motstå de dignande stånden.

Det hade regnat, och planen var täckt av röd smet; sandalerna smackade. Jag gick ned mej i leran och måste uppsöka en toalett med kranar för att spola av mej innan jag gick till Kampala Sheraton. Där träffade jag mina reskamrater med den danska kökschefen från igår, han berättade om ett rånmord på en dansk. Hm.

Nu ska vi resa tillbaka till Kenya. Kaoset i och kring matatagropen är fullständigt, men de bygger nytt. Senare i Sverige träffar jag en ugandier, och honom kunde jag underrätta att de satt igång att bygga en ny park. Han skrattade och sa att det var goda nyheter, eftersom de styrande pratat om det i många år.

Resan till Malaba tar fyra timmar. Denna gång ser jag omgivningarna, jag sov ju på hitvägen. Vackert prunkande grönt landskap, talrika bananodlingar. Över vägen springer babianer. Nästan hela vägen pratar jag med en zairier, bosatt i Kenya, som nu hämtat sin sjuka mor från Zaire till behandling i Kenya. Hon sover längst bak. Han vill komma till Sverige och frågar om immigrationspolitiken. Jag förklarar fakta på min halvdåliga franska och det blir lite jobbigt. Jag bjuder honom på frukt och vi mumsar.

Så är vi framme i Malaba. Tullformaliteterna går lätt, trots att jag släpar på tungt bagage med frukten och flaskvattnet. Frukten är förresten nästan mos. Jag kan bara inte tro att det är samma gräns som jag hade sånt obehag av för tre dagar sen. Är det verkligen bara tre dagar. Vi går sakta över gränsbron, som är full av passagerare, försäljare, lastbilar och kor. Så välbekant allting tycks, så avslappnat. Där ser man.

Kenya igen

Nairobi National Park

På den kenyanska sidan konkurrerar två olika bussbolag, och vi bestämmer oss för Akamba som tidigare. Medan vi väntar går vi till en liten minirestaurang, Travellers Inn. Det är nog världens minsta restaurang, fyra små bord. Jag fotograferar den stolte ägaren Fincent. Det råder en sagokväll i den lilla gränsbyn med svart sammetsmörker, getter på landsvägen och överväldigande frid.

Kl. 20 går bussen, och snart börjar det stora frysandet. Det är isande kallt och stjärnklart ute, vägen är gropig, och för varje gupp far fönstren ned. Jag sover kanske två timmar efter att ha provat alla säten och ställningar. Vi stannar vid Kerengeti Hotel, men det är inget bra ställe, slarvigt och med uselt te. Äter bananer under vakna stunder, nu är det bara ananasen och papayan kvar av all frukten. Usch vad jag är trött på bananer.

Halvdöda kom vi fram till Nairobi sex på morgonen. Det var mulet, fuktigt och rått ute. Tillbaka på vandrarhemmet sov jag någon timme, åt det sista av min frukt och kände mej bättre. Nere på stan pågick en demonstration av skolungdom för ett renare Nairobi. På Thorn Tree Café träffade jag en engelska från vandrarhemmet, Vicky. Hon kände sej osäker i Nairobi och berättade om flera rån. Och jag som känner mej så avslappnad, åtminstone på dagen. Vem har rätt?

På en konsthantverksmässa vid City Hall föll jag för en tavla av bananfibrer föreställande två gaseller. Det låter kitschigt, men faktum är att jag aldrig senare sett något som avbildar djuren med en sån grace. Och så köpte jag ett par örhängen i tvinnade bananfibrer. Tavlan sitter fortfarande på min vägg efter 13 år, och örhängena tillhör fortfarande mina favoriter. Och så köpte jag en dagstidning, Taifa Leo ('Dagens Nyheter' på swahili) för att träna.

På eftermiddagen tog jag en minisafari till Nairobi National Park, en mycket liten nationalpark alldeles nära stan. En grupp turister åkte i två minibussar. Trots att jag surade i början, bland annat för att jag måste betala i dollar, vilket jag anser principiellt fel, och trots att jag var trött efter skumpegumpen från Uganda, blev turen mycket lyckad. Giraffer och impala rörde sej mycket nära. Sen hände ingenting, och länge körde vi meningslöst hit och dit över gult gräs. Sen djupnade grönskan, naturen blev mycket vacker, och sen hände allt på en gång. En gepard skymtade gulspräckligt. Föraren, Francis, vrålkörde genast

26

ifatt den första bussen, och båda vände och körde intill djuren. Vi såg en, två, tre geparder på en gång. De låg, men reste sej majestätiskt och djuriskt vackert. Tre lejon låg bara fem meter från bilen. Två av den sällsynta noshörningen syntes, visserligen på långt håll, men i alla fall. Det är precis vad man *inte* ska göra, vrålköra i en nationalpark och störa djuren. Även om fotosafari otvivelaktigt är bättre än jaktsafari saknar det inte negativ inverkan på djurlivet. Djurens beteende med naturlig vaksamhet förändras. De blir så vana vid de ständiga jeeparna och minibussarna att de inte bryr sej, lejonen ligger lata. (Safari är ett lånord från swahili. Det betyder helt enkelt 'resa'.)

Tillbaka på vandrarhemmet var det skymning, och regnmolnen hopade sej. Regnet började hälla ned. Tre timmar senare vräker det fortfarande ned. Det är 14–15°, i Afrika, i juli! Hade det varit söder om ekvatorn hade man accepterat att det var vinter. Men Nairobi ligger ju just *på* ekvatorn! Samtidigt har de börjat förbereda rivningen av vandrarhemmet, utrymt några sovsalar och ställt sängarna i sällskaps-rummet. Det råder en trist, sentimental stämning, men vi är flera som småpratar förtroligt med varandra, dämpat. I morgon ska vi på safari till Lake Turkana.

På safari!

Vi steg upp sju, lagade lite te och tog oss till Safari Camp Services. Där deponerade vi värdesaker och annat och fick träffa våra reseledare: chauffören Hezra, kocken Iob, och guiden Pius. För hela safarin – en vecka med helpension – betalade vi 8480 kenyanska shilling, knappt 1700 kr. Vi var 15 i vårt sällskap – belgier, fransmän, engelsmän och så vi – som nu tog plats i en truck. Mulet, dimmigt, vi åkte med upprullade fönster. Efter att ha stannat i en liten by för att proviantera fortsatte vi norrut. Landskapet gav faktiskt ett nordiskt intryck med kullar och dungar. Till och med korna såg nordiska ut, svartvita och rödvita. Tore berättade att Norge och kanske Sverige skänkt boskap till Kenya, så det kanske inte var fantasier i alla fall.

Vid ett passerade vi ekvatorn. Där fanns naturligtvis en skylt som alla måste fotograferas vid, och där serverades lunch bestående av sandwich med vit ost och någon grönsak.

Efter den lilla prydliga staden Nyahururu med den välsorterade supermarketen övergick naturen till busksavann. Det liknade nästan fjällvegetation men med de gracila akacieträden och de kaktusliknande kandelabarträden i stället för fjällbjörk. Zebror på håll och kameler.

Antiloper och fåglar skimrade förbi och naturligtvis tamboskap, kor och getter. Herdar, samburuer, klädda i rött kläde, kikoy. Barnen vinkade åt oss.

Första motorstoppet! Det skulle bli fler … Under tiden, medan Hezra, Iob och Pius reparerade, satt vi ute och solade under den lilla tid solen tittade fram. Det blåste inte heller så kallt på marken som uppe på trucken. Vi var fortfarande högt uppe i bergen och fartvinden var isande. Naturen blev kargare. Men vildmark var det ändå inte, det gick stängsel längs vägen.

Det var redan kväll när vi körde in på en liten väg för att slå läger. Först samlade vi ved och sen reste vi tälten. Marken var våt och kall. Jag skulle sova ensam och var inte helt glad åt det, det kändes lite kusligt. Vi, det vill säga våra reseledare, gjorde upp eld och vi fick middag – spaghetti och köttfärssås. Så satt vi en stund runt lägerelden och pratade alla. Någon bjöd på whisky. På natten vaknade jag och lyssnade på tystnaden. Jag hörde de andras andetag omkring mej, det kändes lugnande.

Genom Maralal till Baragoi

Jag vaknade kvart i sex. Det var kolmörkt ute, men våra reseledare hade redan gjort upp eld. Jag hämtade tvättvatten, tvättade mej halvhjälpligt och tog ned tältet. Halv sju serverades frukosten. En härlig morgon, redan lite varmare.

Förmiddagen var ett enda panorama av storslagen natur. Från slättlandskapet med antiloper, zebror, strutsar, arbetade sej trucken uppåt mot bergen. Tidigt gjorde vi stopp i Maralal. Det blev lite bökigt när vi steg av. Försäljare skockade sej runt oss och följde oss runt stan. De var inte otrevliga utan visade oss saker och berättade, både om sej själva och om trakten, men till sist blev det besvärande intensivt. Jag kom i slang med en sympatisk biologistuderande, Martin. (Varför har så många afrikaner engelska, till och med bibliska, namn, fast jag vet svaret.) Av honom lockades jag att köpa armband, och jag föll för ett mässingsarmband i form av en orm. Visst var det fina saker, men jag börjar bli överlastad av souvenirer. Det är bara andra landet, hur ska detta sluta.

Ormarmbandet hade jag sen i tio år, utan att ta av det en enda gång. Det var så hårt att jag endast med kraft kunde forma det efter handleden, och om jag skulle ta av det skulle det deformeras. Jag blev fast i säkerhetskontrollen i Zimbabwe, larmet tjöt, men de släppte igenom mej. Ormarmbandet väckte alltid starka känslor. Jag kunde få berömmande kommentarer av okända på gatan i Vietnam, och en ormfobisk kassörska på Systembolaget i Sverige stod inte ut med att se det. Till sist blev jag i alla fall lite trött på det, och på tioårsdagen, den 5 juli 2002, tog jag av det.

Jag önskar att vi hunnit koncentrera oss på stan och njuta av omgivningarna, här finns så mycket fint, men vi skulle snabbt iväg. Många människor är klädda i traditionella samburukläder, med röda kikoyer och stora halsband, och många har rakade huvuden. Våra reseledare har sagt att det går bra att fotografera, bara vi frågar först och ger en mindre ersättning. Men det känns ändå lite fånigt, så jag avstår. Det får bli ett synminne i stället. Och ännu efter 13 år är synminnet starkt.

Efter Maralal blev utsikten fantastisk. Vi körde på 2000 meters höjd in i Losiolo Valley. Intensiv grönska, ljusgrönt, mörkgrönt, blåa berg. Nya akacior, kandelaberträd. Här och där byar med runda hus av trä med konformade spetsiga tak. Herdar i röda kikoyer med kor och getter. Landskapet övergick i slätt av röd lera, åter med akacior.

Punktering! Snabbt effektivt byte och iväg igen. Vid lunchen passerade en man med kameler. Han kom snabbt fram till oss men ville inte ha kontakt utan tittade bara. Orörligt, slutet ansikte, fientligt? På min hälsning svarade han kort och bryskt. Lite obehagligt. Men en liten pojke kom från ingenstans och log emot oss.

Vidare. Platt öken, bergig öken. Paus i Baragoi. Nu var det äntligen ordentligt varmt. Människorna här, både samburu och turkana, var intresserade av oss men inte påträngande. Några ville sälja enkelt konsthantverk och tobak. Prat med åttaårig pojke, Ismael. Många erbjöd sej att fotograferas mot ersättning. En mycket gammal kvinna kom, vördnadsinbjudande. Jag hälsade artigt "Habari mama?" 'Hur står det till mor?' på min bästa skolswahili och hon svarade "Mzuri" 'Bra'. Mina språkkunskaper fungerade! Roligt att få lite kontakt.

Naturen skiftar ständigt, stenöken, oaser med kyrkor, svindlande höjder, skarpa klippor, mjuka kullar. Landskapet genomkorsas av uttorkade flodbäddar. Här och där på marken ligger kadaver. Trots dessa dystra monument över torkan ser vi överallt vinkande barn och vuxna som ler emot oss. De äldre är lite mer reserverade. Här i trakten bor somalier. Inte så konstigt, det är relativt nära gränsen till Somalia.

Strax före skymningen kom vi till campingplatsen Karungu i South Horr Valley, och där sitter vi nu. Den är inhägnad, det känns lite konstigt. Folk i trakten var väldigt intensiva när vi kom och insisterade på att vi skulle handla av dem och fotografera dem.

De står och betraktar oss genom staketet, och jag känner mej lite som apan i buren. Visst vill jag ha kontakt, men ibland känner jag mej som en vandrande plånbok. Det är inte mej de vill ha, det är mina pengar. Visst har jag pengar, men jag har också ett mänskligt behov av uppskattning, ärlighet och en jämlik relation. Går det att ha en jämlik relation när världen är så ojämlik? Jag vill.

Jag känner mej nog lite missmodig. Det har varit så många intryck. Inte heller har vi kunnat sköta hygienen på flera dygn förutom morgonens kattvask. Men i alla fall. Vilken skillnad mot igår. En ren torr plats mot gårdagens blöta lera. Människor och roliga fräcka markattor mot gårdagens tysta busklandskap. Och det är tropiskt varmt. Vi turister har ett annorlunda beteende mot igår. Igår satt vi i ring tryckta runt lägerelden, osäkra, ikväll sitter vi i smågrupper eller par om par. Efter middagen, som består av köttgryta med potatismos, bjuder belgiern Hermann på genever, och sen går vi att sova.

Turkanasjön

Jag vaknade av sång på avstånd, troligen från den närliggande byn. Redan tropiskt varmt. Duschen fungerade! Kallt men skönt. Efter frukosten började en dansuppvisning för oss mot ett blygsamt inträde. Under tiden insisterade samburuerna (heter det så?) på att sälja varor eller fotograferas. Dansen med unga krigare liknade den jag sett på Bomas, men i detta fall var den autentisk, ingen professionell uppvisning. Jag fotograferade två rara kvinnor med småbarn och gav dem de tio shilling var som de bad om, och så hälsade jag på hövdingen, en värdig åldring i röd mantel och västerländsk hatt, med sitt barnbarn. En medelålders kvinna i blå mantel var hans fru.

Vi körde genom samma busklandskap som tidigare, men efter en stund försvann *all* växtlighet. Busklandskapet ersattes av ett spöklikt ökenlandskap. Lavaliknande svarta stenar över kullar och berg. Ibland dök det upp människor från ingenstans. Vad sysslade de med och vad kunde de leva av? Några hade getter men andra ingenting. Vildåsnor, dik dik, antiloper och många andra djur dök upp och försvann. Underbara fåglar med blåskimrande rygg och orange bröst satt i träden eller på marken.

Den kuperade öknen övergick ibland till total slätt utan stenar. Vid middagstid dök den upp: Turkanasjön, Jadesjön. I fjärran var den turkosblå, men medan vi närmade oss övergick den verkligen i jadegrönt. Den liknar faktiskt Svartisen i Norge, som inte är svart utan turkosblå och jadegrön. Men det skulle dröja ytterligare en timmes resa på dessa knaggliga vägar innan vi var framme.

Tore vill komma närmare för att fotografera och övertalar Iob att låta trucken lämna vägen och köra ut i gruset. Där fastnar den i det lösa gruset, och vi är nära att välta. Iob gasar, hjulen snurrar i tomme. Så lyckas han få upp den igen. Jag riktar några förebrående ord till Iob.

– How could you take such a risk?
– The mzee wanted it.

"The mzee", det är alltså Tore. Han var äldst av männen och hade ett stort skägg på den tiden. Nu är det så att *mzee* antingen kan översättas med 'åldringen' eller 'den ärevördige'. Jag menar att 'åldringen' är den mest ursprungliga tolkningen från swahili (till exempel så betyder *unzee* 'ålderdom'), och 'den ärevördige' en överförd betydelse, eftersom åldringar per automatik är ärevördiga. Tore vill inte alls höra talas om den tolkningen och föredrar 'den ärevördige'...

Landskapet är skrämmande. Den enorma sjön ligger jadegrön men har ingen som helst växtlighet. Död på allt utom krokodiler. Sjön är basisk, är det därför? Det råder badförbud på grund av krokodilerna. På håll ser vi några bjässar. Svartgrå livlösa berg, en grön sjö utan växter, utan fåglar, och så dessa urtidsmonster. Torrt, intorkade djurkadaver, skelett.

Loyangalani: lejon och frimärken

Så kom vi fram till campingplatsen Sunset Strip Camp i Loyangalani, där vi slog läger. Växtligheten bestod denna gång av skruvpalmer med sina solfjädersblad.

Där satt några turkaner och sålde, men vilken skillnad i mentalitet mot de livliga samburuerna. Turkanerna var tystlåtna, diskreta, tog inte kontakt och bad absolut inte om att fotograferas. Det var i stället vi som bad att få fotografera dem. De väntade tills vi kom fram innan de visade sina varor. Det var mest vackra stenar, såsom hasselnötsstora oslipade ametister och onyxer inkapslade i sina gråa höljen. Jag noterade ett slags trissor som jag sett användas som spelpjäser i ett brädspel. Jag tänkte köpa en, men när de sa att det var ryggkotor av fisk tyckte jag det lät så motbjudande. I stället köpte jag en liten grön sten. Jag skulle vilja ha något hantverk, men jag köper redan för mycket. Tore köpte en traditionell turkanakniv med en halvcirkelformad rund egg. Hur han nu ska få med den på flygplanet.

Jag sätter mej och studerar omgivningarna. Det är en skrämmande plats, djävulskt hett med en brännande vind som stryker efter marken som en blåslampa. Nu har till och med jag fått värme nog. Allt är torrt, torrt. Endast kring en liten bäck finns det lite grönt, och där går en ohyggligt mager åsna och tuggar på de torra bladen. Långt ute på slätten ser jag två kvinnor kämpa i motvind med vattenkrukor på huvudet. Deras silhuetter tycks närmast surrealistiska. Vi är nära Etiopien och Sudan som drabbats ännu värre av torka och hungerkatastrofer.

Det fanns en närliggande campingplats med swimmingpool. Den verkade lockande, och några gick verkligen dit, men jag och några andra stannade kvar på campingplatsen, jag tvättade kläder och hängde upp på tältlinorna. Pysslade.

Sen eftermiddag bestämde vi att gå ned till sjön. Det var tre engelsmän och så vi två nordbor. Vi gick någon kilometer över stenig öken. Torkan är långvarig, alla pratar om den, tidningarna skriver om katastrof, i öknen låg olycksbådande koskelett. Med oss hade tre kenyaner slagit följe: två samburuer och en turkan. Vi korsade start-banan på den lilla flygplatsen och kom fram till sjön. Det blåste kraftigt men vinden var varm. Vid sjön rådde frid. Flamingor och pelikaner rörde sej makligt. Solen sjönk, vi stod kvar en stund. Jag pratade med en av de två samburuerna. Han hette Kipsoy men måste anta namnet John när han döptes på missionsstationen vid 15 års ålder. Han var sexspråkig; samburu, turkana, luo, rendille, swahili och engelska. Hans drömyrke var att bli mekaniker. När jag frågade vad folk här sysslar med som försörjning berättade han att turkanerna fiskar, torkar fisken och transporterar den till Nairobi, och han visade oss torkställningar.

Den andre av samburuerna berättade något viktigt på engelska:

– My father killed a lion.

– Oh really! Is it true?

– Yes, a lion killed my father.

– What? I thought you said that your father killed a lion.

– Yes.

– But now you say that a lion killed your father.

– Yes.

– Come on, did your father kill a lion, or was he killed by a lion?

– Yes.

Och så där höll vi på ett tag. Engelsmännen gjorde narr av honom för hans bristfälliga engelska. Detta var så oerhört, dels med tanke på att samburun kunde kommunicera på sex språk (engelsmännen på ett), dels befann sej i sitt eget land och just inte hade skyldighet att kunna engelska alls, och sen kan väl vem som helst räkna ut att ordföljdsregler och passivkonstruktioner skiljer sej mellan samburu och engelska. Men vad var det nu som hade hänt? Hur skulle jag som lingvist reda ut det hela? Jo, jag frågade:

– How did he do it?

– With a spear.

Åkej. Lejon har inga spjut. Han berättade att fadern hade gjort en huvudbonad av lejonmanen. Endast personer som själva har dödat ett lejon har rätt att bära en sån, och de åtnjuter förståeligt nog högt anseende. Jag skulle vilja se någon av de engelskspråkiga tomtenissarna i samma situation. Sonen var stolt över detta och förtjänade inte att förlöjligas. Det är just såna attityder som jag har svårt för hos vissa turister, och de är nästan alltid engelskspråkiga.

Mörkret föll, vi snubblade över stenar på tillbakavägen. När vi skildes frågade Kipsoy om vi kunde bidra lite till hans utbildning. De andra ville inte ... menade att de inte bett dem följa med ... vilket i och för sej var riktigt ... men i alla fall. Jag gav dem en alldeles för liten summa att dela på.

Vi åt en god middag, köttgryta och potatis, och satt sen uppe några stycken. Det blev ingen vidare sammanhållning, några läste, ingen hade just lust att prata. Belgiern Hermann bjöd på genever, och Tore och jag på whisky, och så satt vi tills kvällen tystnade i hetta och blåst.

Under natten blåste det sandstorm, och jag trodde tältet skulle välta.

Ny morgon! Stormen hade lagt sej. Jag duschade i den lilla bedårande duschen som bestod av fyra bastväggar och öppen himmel med palmer. De andra åkte på en utflykt till en el molo-by och till Krokodilön i Turkanasjön, medan jag bestämde mej för att utforska omgivningarna och promenera bort till posten och köpa frimärken.

Jag går genom en by. Bland de enstaka fyrkantiga stenhusen står runda traditionella hus av bast eller lera. Jag kliver över den hårda leran mellan hönsen. Det är en underbar promenad, och återigen tänker jag att detta är inte sant, jag går här i stekande sol mitt i en by i norra Kenya. Det är något inget foto kan fånga, det måste upplevas.

Folk tog ingen speciell notis om mej. Jag hälsade artigt på dem jag mötte, men det var rätt skönt att känna sej anonym. Fast snart blev det jobbigt, jag hittade inte utan visades hit och dit. Till sist fick jag hjälp av en äldre man med tre åsnor lastade med ved.

Posten var det yttersta huset på vägen, nybyggt (av katolska kyrkan, som också byggt sjukstugan och som kontrollerade vattenförsörjningen). Först skulle jag rekommendera ett brev åt Tore. Sen bad jag om två aerogram med frimärken och till sist 20 frimärken för alla mina vänner. Jag vill gärna gynna små orter och kunde lika gärna köpa alla frimärken här som i Nairobi. Men postexpeditören verkade besynnerlig. Han var trevlig men gick och skrockade och småskrattade för sej själv, och jag började undra om han var lite koko. Men sen började vi prata.

Han var från södra Kenya, nära Victoriasjön, och hade blivit utplacerad att tjänstgöra här. Han tyckte det var trist, ingen växtlighet och inga grönsaker. Det kunde jag gott tänka mej, jag hade själv sett södra Kenyas rika växtlighet. Han kunde inte tåla att bara äta kött och fisk och visade mej en bunt torkad fisk, titta, ska det här vara mat! Det liknade gamla tiders lutfiskflak. Inget att göra och ingen att prata med. Dessutom hade han låg lön och skulle få provision på de tjänster han förmedlade. Men eftersom ingen köpte några frimärken eller gjorde några inbetalningar så fick han ingen provision. Mina frimärken motsvarade en *månadsinkomst* för honom. Det var inte konstigt att han blev glad. Det är roligt att kunna glädja någon med så lite som några frimärken.

Vi presenterade oss, han hette Mr Opat. In på postkontoret kom en annan man, och samtalet gled in på religion. Mr Opat var katolik och hade länge funderat på skillnaden mellan katolicism och protestantism. Han hade försökt fråga sin präst men aldrig fått något vettigt svar. Nå, jag var ju inte heller den rätta att fråga, men jag berättade det lilla jag visste om Martin Luther och, för Sveriges del, om Gustav Vasa. Det blev en så intressant diskussion och en väldigt speciell förmiddag. Rekommenderingen av brevet tog sin lilla tid, och så fick jag välja frimärken med många motiv. Jag valde fjärilar, sportgrenar, blommor, flygplan, kampanj mot aids med mera. Som minne tog jag ett foto av de båda männen utanför postkontoret, som jag sedan skickade dem.

Jag gick tillbaka på den stekheta ökenvägen. Hemma tvättade jag lite kläder. Jag kopplade av, duschade fast jag egentligen inte behövde, bara för att det var så skönt, och för att det var så härligt att titta på himlen samtidigt. Turkanerna, som dragit sej undan när turisterna åkte på utflykt, började komma tillbaka med sina varor. Jag blev speciellt förtjust i en läderflaska, avsedd för matolja eller getmjölk. Jotack, när jag öppnade locket strömmade den sura mjölklukten ut. Kvinnan som sålde den var reserverad och stolt, och jag tyckte om henne. Att ta ett foto av henne kostade nästan lika mycket som mjölkflaskan. Take it or leave it, var hennes attityd. Turkanerna krusar inte, de säljer sej dyrt, och på så sätt vinner de respekt.

På eftermiddagen gick Tore och jag ut i öknen för att fotografera, och återigen upplevde vi den spökaktiga stämningen av månlandskap, undergång. På kvällen satt alla och pratade lite avslaget. Sällskapet var trist, alla höll sej för sej själva och sysslade med sitt. Avslutningen på kvällen blev att jag duschade en tredje gång, medan jag tittade upp emot en himmel med månsken och stjärnor. I tältet pustade jag ut. Det var en innehållsrik dag. På natten vaknade jag åter av att det blåste vansinnigt, skrämmande.

Genom Kaisutöknen till Swari kyrkbacke
Vi blev purrade redan vid fem, eftersom vi skulle iväg tidigt. Jag hann ändå med en dusch. Jag hittade inte min handduk, men jag torkade ändå genast i den varma blåsten, den var som en jättelik hårtork.

Vi for tillbaka samma sträcka som vi kommit, förbi Turkanasjön. Nästan genast fick vi punktering, Hezra bytte. Sen fortsatte vi genom ökenlandskap och buskstäpp timme efter timme. Åter kallt och blåsigt. Två kameler sprang dumt nog före trucken i någon kilometer. Vid ett annat tillfälle korsade en boskapshjord vägen. Människor vid vägkanten i röda kikoyer och spjut, vinkande barn. Vi kom till Karungu igen och återsåg danstruppen och de andra, till och med farfar med barnbarnet. Tänk nu har man bekanta i Kenya.

Nästa uppehåll var i Baragoi. Det var gott om turkaner där, vackra, stolta i röda och blå kläder och typisk frisyr. Vänliga men inte påträngande. I Baragoi var det varmt, men uppe på trucken var det kallt och blåsigt. Under lunchen i Kaisutöknen kom en grupp turkaner och tittade på oss.

Efter bara en halvtimmes körning efter Kaisutöknen exploderade ett däck, och vi fick byta igen. Vi och vi, det var de kenyanska reseledarna och en australier som också arbetade för företaget som bytte däck. Vi andra gjorde just inget annat än satt.

De första träden efter öknen dök upp – jag hade nästan glömt hur träd ser ut!

Eftersom det inte hade regnat på länge och marken var hård som cement kunde vi välja en genväg till Wamba – när vägarna är våta förvandlas cementen till lervälling – men vi var ändå starkt försenade, och så körde vi timtals igen. Vi kom till en märklig spökskog med mark av röd lera och med mängder av död ved, och där stannade vi för att samla ved. Det gick i och för sej fort, men så upptäckte vi att ett däck var platt igen! Tredje punkteringen på samma dag.

Medan de andra byter däck väljer Hermann och jag att sträcka på benen och promenera i förväg. Skogen är livlös, och det är alldeles tyst. Det enda levande är en stor flock svarta fåglar. Vi går och går och går. Efter 20 minuter kommer trucken och plockar upp oss. Lite kusligt var det, tänk om inte …?

Efter en timme var det mörkt, och Iob ville inte köra längre. Detta var orostrakter, med flera väpnade överfall. Vi svängde in till en liten kyrka, Swari Kinsa Katoliki, och fick tillstånd att slå läger på kyrk-backen. Den var omgärdad av ett högt stängsel, och dessutom gick det en beväpnad vakt där. Det märktes att vi började närma oss en centralort. Husen var byggda i sten, och fler människor hade väster-ländska kläder.

Vi välkomnades av byskolläraren, och det samlades genast en skara nyfikna, mest barn. För första gången kände jag mej lite irriterad. Mina tältpinnar var försvunna, någon tog sista temuggen, och de bästa platserna på kyrkbacken var upptagna. Jag fick vara på gruset. Lyckligt-vis fick jag hjälp att resa tältet. Till kvällsmat fick vi ugali, den klassiska kenyanska majsmjölspuddingen, "neutral" i smaken om man vill vara artig, totalt smaklös alltså, men det är klart att vi måste prova den. Till detta fick vi köttfärssås – starkt kryddad så det tog ju ut sej – grönsaks-röra och sallad, och till efterrätt ananas. Sen satt jag och pratade med Iob, som berättade om sitt arbete som chaufför, tio år för detta företag. Han bekräftade att detta var en ovanligt lugn grupp. De hade varit med om ett flertal konflikter bland deltagarna. Han berättade om språk-situationen; de tre reseledarna är kikuyu. Vi stannade kvar något, och Hermann bjöd på sin absolut sista genever. Alla verkade trötta och försvann åt sitt håll.

Buffalo Springs

Jag kände mej ledsen när jag vaknade, ibland verkar det så motigt på morgonen. När jag stigit upp och tvättat mej kände jag mej bättre. Det var varmt och en underbar soluppgång. Jag packade snabbt ihop mitt tält och åt frukost. Barnen kom och tittade på oss. Byns hövding besökte oss, honom hade vi inte sett kvällen innan. Liksom hövdingen i

Karungu hade han rött kläde och västerländsk hatt. Örsnibbarna var håltagna och uttänjda någon decimeter. Även läraren kom och tog adjö. Hövdingen och den beväpnade vakten följde med i trucken en halvtimmes färd till en avtagsväg, och vi körde vidare genom ett buskfattigt stäpplandskap. (Vid de nödvändiga naturbehovspauserna fick de kvinnliga deltagarna gå långt.) Nu började i alla fall savannen, och Tore och Hermann fick äntligen se sin oryx och gerenuk som de längtat så länge efter. I staden Archer's Post pausade vi. Den liknar Maralal och Baragoi men här finns fler med västerländska kläder, och fler talar engelska. De är samburuer. I ett marknadsstånd kastade jag långa blickar på en röd kikoy. Jag har sett så många såna under denna tur att det verkligen skulle bli ett kärt minne för mej. Men det blir tungt, jag har redan handlat för mycket, jag har ont om kenyansk valuta etc.

Trucken körde en bro över en underbart vacker flodbädd med kameler och bufflar. Sen körde vi in genom den stora centralporten till Buffalo Springs National Park vid middagstid. Åter dök de blåglänsande fåglarna upp. Där fanns en naturlig liten damm i ett stenbrott med vatten från en underjordisk källa, där vi kunde bada. Härligt! Renligheten har verkligen inte varit vår följeslagare under denna tur, och nu sköljdes lera och damm och annat av oss. Jag bytte till rent linne, och sen gick jag omkring i min kanga och torkade.

Efter doppet i Buffalo Springs körde vi vidare genom nationalparken. Hjordar av antiloper och zebror rörde sej fritt på och bredvid vägen. Till sist kom vi fram till campingplatsen, mitt i nationalparken. Tidig eftermiddag slog vi upp tälten i en solig glänta med ljuvlig värme.

Efter bara en kort paus körde vi ut på en safaritur och här börjar det stora skådespelet: stora hjordar zebror, både den vanliga bredrandiga och den smalrandiga Grevy's zebra. Zebrornas ränder bildar ett graciöst linjespel. Girafferna, också båda underarterna Rotschild's giraff och masaigiraffen, är eleganta och verkliga skönheter. Vi passerar elefanter, två vuxna och två kalvar. Tjuren står stilla bredvid oss och tutar varnande. De stora, långsamma, värdiga djuren är så imponerande. Stora bufflar rör sej alldeles nära. Parken hänger samman med den andra stora nationalparken Samburu Park, och efter en stund kommer vi fram till Samburu Park Lodge, en lyxig bar. Vi har varit så länge i vildmarken och suttit i den gungande trucken, och liksom för sjömän som går i land känns det konstigt med fast mark, trägolv och riktiga dörrar.

Nu skulle vi njuta, och jag såg fram emot en espresso i baren. Sorry, strömmen var ur funktion. I stället tog jag en Bitter Lemon, och så satt vi alla i deras trädgård och gonade oss i eftermiddagssolen. Utanför lodgen fanns en damm med varning för krokodiler. Det var verkligen skönt att sitta där, men vi skulle tillbaka om en timme, så trucken startade igen. Plötsligt står hon där alldeles nära vägen, en elefantko med sin kalv. Hon står alldeles fridfullt och äter av en buske och tittar bara upp förstrött. När vi kört en stund till kommer vi in i en stor elefanthjord. De stora djuren ägnar knappt trucken någon uppmärksamhet, passerar den, nära, en efter en från den ena till den andra sidan av vägen, makliga, sävliga djur som vet att ingenting kan skada dem. Skjutvapen har de aldrig känt. Naturligtvis är reseledarna kunniga om elefanternas beteende och anpassar sej efter det. Jag känner mej helt lugn … nästan.

Alla är tysta av upplevelsen. Det sägs att den som en gång sett vilda gorillor aldrig mer blir densamma. Kanske. Men helt säkert gäller det också vilda elefanter. Trucken kör en lång väg genom savann- och djungellandskap, längs en flod. Jag har sett alla djur jag vill se utom möjligen flodhäst, så jag hoppas få se en. Kanske de bucklor jag ser över vattnet är flodhästar? Skruvpalmernas karaktäristiska kronor avtecknar sej mot skymningen. Solnedgången går från orange till röd.

När vi kom hem till lägret hade det redan hunnit bli mörkt. Lägerelden sprakade välkomnande. Vi drack te och kopplade av. Vi var eniga om att detta var den bästa dagen. Sedan fick vi den bästa maten: indisk curry med ris. Nu var alla samlade och på gott humör. Tore sjöng med sin vackra röst. Ovanför oss bredde en akacias krona ut sej, och ovanför kronan lyste månen. Stjärnklart. En tur i buskarna och god natt.

Hem till Nairobi

Det var ännu mörkt när vi lämnade lägret nästa morgon, lite vemodiga, för nu var safarin slut. Vid utfarten av nationalparken rörde sej elefanter på nära håll. Efter Isiolo blev naturen alltmer nordisk, eller engelsk, med mjuka gröna kullar, plöjda åkrar, beteshagar med stängsel, svartvita och bruna kor. Doften av jord och hö strömmade från marken. Kenya har alla varianter av natur, från öken via rent nordisk natur, stäpp och savann till regnskog. Tore och jag räknade upp alla växter vi såg som också finns i Norge och Sverige. De var inte få: kungsljus, svinmålla, timotej. På flaket blåste det iskallt, men när vi stannade kändes det som en svensk sommardag. I fjärran avtecknade sej Mount Kenya.

Vi var nog på 2000 meters höjd, fingertopparna domnade. Här släppte vi av sydafrikanerna Sarah och Peter som skulle bestiga toppen.

Naturen blev alltmer frodig och tropisk, majs, bananplantager, bougainvillea, kaffebuskar. Här skulle Mr Opat ha trivts. Vi stannade för lunch i en underbar solig glänta som doftade av mynta. Det var en av de varmaste dagarna. Jag hade samlat ihop dricks till våra tre reseledare, och nu överlämnade jag pengarna. Pius och jag hade våra egna små affärer: han fick mina joggingskor som jag köpt i London och knappt använt, och jag fick hans röda kikoy som han använde som halsduk mot blåsten. Båda var lika belåtna.

Vi pausade snabbt i Nanyuki, och på eftermiddagen rullade vi in i Nairobi. Det kändes riktigt skönt att komma till en storstad igen. Landsbygden är nog bra på många sätt, men bara för en vecka. På resebyrån var det en liten samling där vi fick ett glas juice, och sen tog vi adjö av varandra. Det har varit ett okej sällskap, och vi ska hålla kontakt med Hermann.

Nu hade vi saker att uträtta. Först tog vi in på Hotel Gloria intill järnvägsstationen, ett rosa fult hotell med sur personal. En liten pojke försökte rycka min klocka, men jag upptäckte det i tid. Definitivt ett ruffigt kvarter, men vi ska med ett tidigt tåg i morgon, så det får duga. Sen ringde jag Sverige, postade breven som jag skrev i Loyangalani, köpte film, vykort och annat.

På hotellet kopplade jag av en stund. Jag njöt av stadslivets bekvämligheter och knäppte på och av strömbrytaren några gånger och spolade med vattenkranen. Jag hade ett fint rum med ett litet bord framför fönstret, där jag satt och drack melonvin och tittade ut över gatukorsningen Tom Mboya Street–Ronald Ngala Street. Den är vansinnigt trafikerad.

På kvällen åkte vi tillsammans med några av safarideltagarna till restaurangen Carnavore, 'kötttätaren', en bit utanför stan, med discobar. Carnavore ja, här är det kött som gäller, mest vilt. Restaurangen är smakfullt inredd i "afrikansk" design. Gästerna serveras kött direkt från en stor centralt placerad grill. Servitörerna går runt med spett med grillat kött och skär upp vid bordet. Till detta får man åtta tillbehör och sex såser. Det finns också ett vegetariskt alternativ, blandade grönsaker i ris med kokosnötsås.

Men trots (eller tack vare) den fina stilen trivdes jag inte så bra. Kanske var jag bara trött. Vi tog taxi hem och gick de sista metrarna snabbt, olustiga kvarter.

Utanför mitt rum var det en kakofoni utan like. Bussar, bilar, matatur (heter det så?) med kulörta lyktor tutade och spelade melodier på bilhornet, folk hojtade och använde visselpipa, spelade hög disco-musik. Detta pågick *hela* natten, avstannade något mellan klockan två och tre, men fem var det full fart igen. Jag sov uselt, vågade inte ha öronproppar, eftersom jag var rädd att inte höra väckarklockan.

Tåg till Mombasa

Upp sex. Vi går ut i den svarta natten och in på stationen. Det dagas och är rätt varmt men helmulet. Klockan sju avgår snabbtåget mot Mombasa. Tåget har dam- respektive herrkupéer, så jag sitter med två unga kenyanska kvinnor. Vi får först en engelsk frukost i restaurang-vagnen, och nu sitter jag och ser ut över savannen. Tåget kör genom flera nationalparker. Mulet mulet. Den kompakta molnigheten ligger som en padda över landskapet. Efter fyra timmar är det fortfarande högplatå på 1000 meter med berg runt om, majsodlingar. Lunch med nötkött i curry, och så skriver jag 20 vykort och sätter på Mr Opats frimärken. Dagen är lång, jag läser om swahilikulturen.

Många timmar genom trist landskap med grå buskar utan löv. (Varför utan löv? Torkan?) Tåget kör genom Tsavo nationalpark, och minsann ser jag inte några zebror som betar vid ett stationshus.

Jag försöker fotografera några stationshus med de lockande namnen Samburu, Maji ya Chumvi, Lukongo, men lyckas dåligt, de bara visslar förbi. Jag läser *Handbook for Women Travellers* och begrundar The Travellers' Code, till exempel punkt 1: "Travel with a genuine desire to learn more about the people of your host country." Stämmer, det är så jag gör, eller försöker. Hetare, kvällssol. Middag med silverbestick medan tåget susar genom Kenya.

Resan tog 14 timmar. Kl. 20.15, i kolmörkret, rullade vi äntligen in på Mombasas järnvägsstation. Christian och Lone hade rest dit i förväg, de mötte oss. De bodde på New Palm Tree Hotel. Detta var ett mellanprishotell, rena lyxen för oss, med en stor öppen gård i morisk stil, och med toa och dusch i varje rum, 480 shilling, dyrt. Det går för en natt, i morgon måste jag hitta något annat.

Mombasa anses inte helt säker att gå i, i varje fall inte på kvällen, men vi tyckte vi var ju fyra. Vi hittade en jättefin restaurang, New Splendid Café, med både indisk, kenyansk och europeisk mat. Som jag hade längtat efter indisk mat. Jag tog Mung dal med tandoori, nan och lime juice. Tillbaka på hotellet festade vi på en flaska kenyanskt papayavin som jag hade köpt för detta tillfälle, och sen bjöd Christian på brandy. Vi satt ute på den stora atriumgården och pratade och skrattade och berättade om allt vi varit med om. Tropisk natt och fuktigt, mygg. Riggade upp moskitnätet och somnade.

Mombasa: en av swahilikulturens vaggor

Till frukost fick vi äta så mycket vi ville av flingor, frukt, ägg, korv, kaffe ... Sen gick jag snabbt ut för att leta efter ett nytt, billigare hotell. Redan på det första, New Britannia på Gusii Road, fick jag napp och tog ett litet rum för 180 shilling. Hotellet låg ovanpå en restaurang med bar. Personalen kunde nästan bara swahili, och de flesta av gästerna var kenyaner eller araber. Jag var den enda vita. Alla tittade på mej och det var lite olustig stämning. Inget vatten i kranarna, men annars verkade det OK.

Ute var det halvmolnigt men kompakt värme, skönt. Jag gick upp Haile Selassie Avenue och ned Moi Avenue och fotograferade. Mombasas kännetecken, som förekommer i stadsvapnet, är jättestora modeller av elefantbetar som bildar valv över Moi Avenue. Jag tycker om Mombasa med dess typiska swahilikultur, en blandning av afrikanskt, arabiskt och indiskt, med handel och sjöfart, idealiskt för uppkomsten av ett kreolspråk som många anser swahili är. Vi är i swahilikulturens hjärta. Mombasa är Kenyas andra stad och har en av Östafrikas största hamnar.

Swahili är både språk och kultur. Språket, modersmål för endast några hundratusen i Kenya och en halv miljon i Tanzania, har tagit form av allmänt spritt språk i stora delar av östra Afrika. I Kenya är det som sagt nationellt språk och i Tanzania officiellt språk. Barn med andra modersmål lär sej swahili allra senast när de börjar skolan.

Språkets och kulturens uppkomst har gäckat och fascinerat språkforskarna. Det har formats inom handeln mellan afrikaner, araber, indier och perser på östkusten, kanske så tidigt som för tvåtusen år sen. Språkets struktur har en odiskutabel karaktär av bantuspråk, samtidigt som det finns en mängd arabiska och senare portugisiska lånord. Från början har det troligen fungerat som ett enkelt hjälpspråk och först därefter utvecklats till det nyanserade och vittomfattande språk som det är idag. Vissa anser att det är ett kreolsprak.

Genom handeln, främst med slavar, kryddor, guld, elfenben, och genom blandäktenskap uppstod swahilikulturen med en unik identitet – varken afrikansk, arabisk eller asiatisk, eller alla – som har bestått i våra dagar. Den är baserad på handel, religionen är islam, och det uppstod tidigt städer. Klassisk swahilisk stil och inredning är en dröm.

Makadara Road ledde fram till Fort Jesus, det portugisiska fortet från 1500-talet. I Gamla stan blev jag erbjuden guidning men ville först uppleva stadsdelen ensam. Men gatorna var ödsliga, det rådde siesta och folk höll sej inne. Jag kände mej utsatt och gick vilse. Till sist var jag tillbaka på Digo Road. Nej, Gamla stan i Mombasa måste man nog växa sej in i.

Jag träffade Tore, och tillsammans gick vi ned till den lilla stranden. Tore badade, men inga kvinnor gjorde det, och jag ville inte bli uttittad. Vi letade snäckor och koraller på stranden och promenerade i hamnen. Tore berättade om de olika husen, han fick bli min guide. De arabiska portarna är en dröm, den allra vackraste ligger på Ndia Kuu. Nu var det mer folk på gatorna. Vi drack te med ingefära, kanel och socker, hemskt gott!

Alltnog, senare hämtade jag mitt bagage från New Palm Tree Hotel och ställde in det på New Britannia. Fortfarande inget vatten. På kvällen åt vi middag på New Splendid Café och satt på Istanbul Bar och drack Tusker öl och lyssnade till reggae. Det är stans populäraste ställe, och vi tycker verkligen om det. Igår var där hög discomusik, lite väl jobbigt, men ikväll är det bättre. Det är halvt under bar himmel, halvt under tak, med kulörta lyktor och ungdomar i alla kulörer – kenyaner, kineser, européer, araber.

Sista etappen på vår helkväll i Mombasa blev kaffe och te på Castle Hotel, i den vackra baren i safaristil. Tv:n visade kenyansk reklam. Vi skildes tidigt, jag satt på mitt lilla hotellrum och läste tills strömmen bröts. Det var ett fruktansvärt oväsen från baren rakt nedanför mej, men jag sov så gott det gick.

Hotellet ligger nära en moské, och jag vaknade både fem och sex av muezzin, böneutroparen. Fortfarande inget vatten, jag hade svettats väldigt på natten, så det var inte så roligt. Ute på gården kunde jag ösa upp vatten ur en tunna och duschade med detta, men efter en stund var jag lika ofräsch igen. På förmiddagen tvättade jag, pysslade med mej själv och kopplade av. Det är ju trots allt semester!

Tvätten hängde jag utanför msitt rum, och så pratade jag lite med de andra kvinnliga gästerna, en kunde engelska. Jag börjar bli övertygad om att detta är en bordell, det verkar lixom inte vara så respektabla unga kvinnor. Och oljudet från baren är förskräckligt. Ägaren erbjöd mej att byta till ett lugnare rum, vilket jag tacksamt accepterade.

42

På Turistbyrån träffade jag de andra, och vi informerade oss om förbindelser till Zanzibar. Jag var inte så orienterad och förstod nog inte riktigt hur långt det var till Zanzibar. (På kartan verkade det som om man bara kunde gå längs stranden.) Det går både flyg direkt till Zanzibar och buss till Tanga i Tanzania med eventuell färja till Zanzibar. Det där "eventuell" tyckte jag inte om. Vi valde att satsa på flyget, bara för att få veta att det var fullbokat. På den arabiska resebyrån Shawsan blev vi uppsatta på väntelista. Så lomade vi iväg för att informera oss om bussen för säkerhets skull, inte särskilt upplyftande. Allt tar sån tid här! Halva, ja hela, dagar kan gå åt till praktiska arrangemang!

I marknadskvarteren strövade vi omkring, köpte prylar: vita broderade swahilikalotter hos en sympatisk pakistanier, festliga sandaler med texten Karibu 'välkommen' och en kassett med lingala-musik. Efter marknads- och hantverkskvarteren nådde vi så småningom Gamla stan. Där, i en affär på Ndia Kuu – gatan med de vackra portarna – köpte jag en traditionell kniv i present.

Utanför hotellet Manor House ringlade sej en lång kö till en supermarket. En servitör berättade att de väntade på ugali, majsmjöl, varje måndag. Det där verkar inte bra tycker jag. Ett baslivsmedel som majsmjöl ska man inte behöva köa för. Nå, det kan vara faktorer som jag inte känner till. På New Palm Tree Hotel lyssnade jag på min nyinköpta kassett med lingalamusik, den är lika underbar som den man hör överallt, på gator och bussar. Vi delade på det sista av Christians brandy. Strömmen gick igen, nu i hela stan. Det gick en timme, och under tiden passade solen på att gå ned. Allt var som i en kolsäck.

När strömmen väl kom tillbaka begav vi oss till Castle Hotel och åt middag. Jag tog en swahilisk specialité, Mwemba kuku: kyckling, kokosnötsås, ris. Jättegott, men jag blev allergisk av någon krydda, nös och nös och snorade.

Nästa morgon, den sista, funkade duschen! Jag checkade ut från det lilla obehagliga hotellet där endast en av städerskorna och ägaren var vänliga.

På Moi Airport stod vi stand-by i en timme. Vi hade tur och kom med Air Tanzania. Vid stigningen såg vi kustremsan och det smaragd-gröna fastlandet under oss, men sen blev det molnigt. Jag funderade på Afrika i vårt medvetande.

Afrika i vårt medvetande

I Sverige har visats en film som heter *Mitt Afrika*, en översättning av filmatiseringen av Karen Blixens *Out of Africa*. Om denna bok inte skulle heta *Bananbältet* skulle den kanske heta *Afrikas Mej* som är ett försök att travestera på *Mitt Afrika*. Det är också ett försök att vända på perspektivet. Det är inte jag som främling som kommer till denna enorma kontinent och kallar den min. Den är den som tar emot mej som gäst, jag är ödmjuk inför detta. Det är jag för övrigt överallt där jag reser, men eftersom nu denna benämning *Mitt Afrika* finns, har blivit svensk filmtitel och allt, så kommer frågan upp.

Var har jag egentligen varit? I konsekvens med mitt resonemang som jag utvecklar längre fram skyggar jag för ordet Afrika. Om någon frågar om jag varit i "Afrika" svarar jag tveksamt: "Mjaa, bara sex länder. Det-är-ju-inte-hela-Afrika!" Vad ska man säga då? Räkna upp de sex länder det gäller? Lite tjatigt. "Östafrika" då, som ju faktiskt betecknar en passunion med viss politisk enhet, liksom "Norden", och där Kenya, Uganda och Tanzania ingår. Men nu var jag ju i Malawi också, som befinner sej utanför den östafrikanska passunionen. Zambia och Zimbabwe ligger långt söderut etc. Problemet består.

Hur är Afrika i vårt medvetande? Här blir det aktuellt att diskutera hur människor i allmänhet uppfattar den stora del av världen vi kallar Afrika. Jag tror inte det är någon överdrift att säga att begreppet Afrika har blandats och kokats ihop genom tiderna tills det bara finns kvar en sur bottensats. Titta bara på gammal sunkig koloniallitteratur: Afrika betraktas som en enhet, en helhet, utan känsla för nyanser. Uttryck som "mörkaste Afrika", "den mörka kontinenten", myntade av någon. Joseph Conrad? Fast menade han så? Har denne någon sett det intensivt gula ljuset över savannen, milsvida leende landskap?? Hur i h-e kan någon kalla den kontinenten *mörk*??? Mörk lika med icke-kristen? Mörk lika med outforskad? Av vem??

I en svensk lärobok på 1990-talet förekom en liten dialog mellan en kvinna och ett barn.

– Mamma, vad är Afrika?

– Det är ett land långt borta.

Hallå vaddå? Ett *land*??? Afrika är en *världsdel*, en svindlande stor kontinent, bestående av 54 länder (mot Europas 43), 900 miljoner människor, 200 större språk och ett tusental mindre. Ett kalejdoskop av människor, kulturer, språk, naturscenerier, klimat. Hur kändes det för personer bördiga från Afrika som läste boken?? Vilken svidande förolämpning.

Detta har kommit att aktualisera en gammal problemställning jag länge velat diskutera, nämligen världskartan. Hur kommer det sej att Grönland med sina 2,2 miljoner kvadratkilometer ser nästan lika stort ut som hela Afrika med sina 30,3 miljoner? (I verkligheten täcker Grönland ungefär Algeriets storlek.) Redan min gamla folkskollärare på 1960-talet gjorde mej uppmärksam på detta.

Afrikas oerhörda storhet framgår inte av den vanliga världskartan som bygger på den gamla förvridna Mercatorprojektionen från 1500-talet. Att göra en enplansmodell av en sfär är problematiskt. Det är så att säga som att få ett apelsinskal att ligga plant. Båda ändarna blir med nödvändighet antingen trasiga eller uttänjda och förstorade.

Med denna projektion – apelsinskalsprojektionen – blir Europa naturligtvis uppförstorat. Men det räcker inte. Som ett led i strävan att placera Europa i centrum och därmed motivera dess dominans över resten av världen gjordes ekvatortricket, det vill säga man sänkte ekvatorn till under kartans mitt och kapade Sydpolen. Nu framstår Europa och Nordamerika som giganter, och med förtroende ges de rätten att dominera världen.

En ny projektion har tagits fram av den tyska historikern Arno Peters genom matematiska beräkningar, som ger Tredje världen dess rättvisa roll (även om hans projektion har andra brister). Tidskrifterna Asiaweek och Eastern Times har behandlat detta tema.

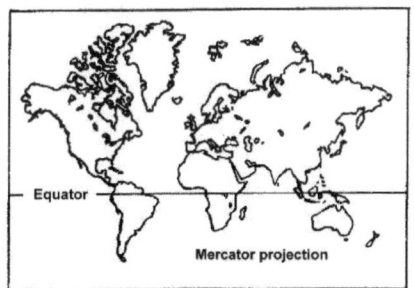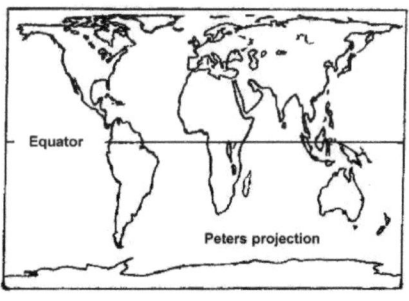

Världskartor (efter artikel i Asiaweek)

Tanzania

Zanzibar: en annan av swahilikulturens vaggor

Flygturen i det lilla planet med 44 platser tog 50 minuter. Nu var vi i Tanzania, ja fast Zanzibar har en delvis självständig status. Växlade pengar. Ny valuta, tanzaniska shilling. Utanför flygplatsen fick vi erbjudande om taxi till stan för 1500. Men småbussarna tog 40! De liknar inte ens en matatu utan snarare en liten lastvagn eller kärra, där man kan pressa in ett ansenligt antal människor. Vi la våra ryggsäckar på taket tillsammans med några nyfångade hajar. Christians ryggsäck blev genast nersölad med hajblod.

Växlingskurs 1992
Valuta 100 TZS (tanzaniska shilling) = 1:50 SEK (svenska kronor)
Lathund: Man tar ett pris, stryker två nollor och multiplicerar med 1,5 så får man svenska kronor.

Prisexempel 1992
En kaffe 100 TZS
En öl 400 TZS
En klase bananer 80 TZS
En kokosnöt 25 TZS
Enklare lunch 600 TZS
Dyrare middag 1200 TZS
Minibuss inom tätort 40 TZS
Taxi inom tätort 500 TZS
Ett enkelt hotellrum 3000 TZS

Bussen stannade vid busstationen, och därifrån tog det tio minuter till fots till Malindi Guest House som vi sett ut i Lonely Planet. Det var det vackraste hotell vi sett i vårt liv, och inte ens nu, efter tretton år, har jag sett dess make. Vi förälskade oss omedelbart i det och bestämde att ta åtminstone en natt där. Hotellet gick i vitt, med sparsam orientalisk inredning.

Receptionen var omgärdad av huskroppar, och i mitten växte en bananplanta rakt upp genom taket. Banan. Rummet var upp emot fyra meter högt, golvet var täckt med bastmattor, och några dekorativa mattor satt på väggarna. Moskitnäten flöt ut över sängarna som brudslöjor. I övrigt var inredningen sparsam. De gemensamma utrymmena hade småbord och tunga kistor i mörkt trä, här och där en detalj i lysande orange. Det var kort sagt fullödig zanzibarisk stil.

Zanzibar är historiskt, det har i alla tider varit centrum för handel, mest med kryddor och slavar, med sin höjdpunkt på 1800-talet. Det är fortfarande världens ledande producent av kryddnejlika. Det är numera en självstyrande del av den tanzaniska unionen, men dess mångkulturella prägel består.

Ute på stan passerade vi fiskmarknaden och åt en sen lunch på Floating Restaurant, calamares och en dricksnöt, alltså en ung kokosnöt med mycket vatten. Med Lonely Planet i handen strövade vi i Gamla stan eller Stenstaden, tittade på Beit El Ajaib, Undrens hus, letade efter Hamammi, Persiska baden, men hittade dem inte. I stället kom vi till Cathedral Church of Christ som var byggd på den gamla slavmarknaden. Just då höll kyrkokören på att repetera. Det gav en märklig känsla, och det var mycket gripande att höra den mäktiga sången stiga mot taket, i flera stämmor, både bysantinskt och afrikanskt.

Det var lite svårt att hitta ut ur gyttret av gränder, men sen satt vi en stund i Jamituri Gardens nere vid havet och beundrade solnedgången. Det var en underbar, mättad, stilla solnedgång i orange och rosa. Två svarta palmer bildade en effektfull siluett. Om det bara inte var så mulet och regnigt! Vi försökte tyda solnedgångens färg och drog slutsatsen att i morgon blir det vackert väder! Middag åt vi på The Fisherman, men det var ett ganska trist ställe med fantasilös fisk på längden och tvären. Tråkig inredning, bara vita väggar, bord med vita dukar och stolar. Vi träffade dock några européer som sa att det var deras favoritrestaurang, de går hit varje kväll, och sen har jag hört samma sak ifrån andra. Där ser man.

Kvällen avslutades på Africa House, ett hotell i gammal brittisk stil, engelska klubben har haft sitt säte här. Det hade tre våningar, där andra och tredje våningen hade terrasser med utsikt över havet. Vi satt en stund på den översta terrassen och drack kaffe, lite uttråkade servitörer. På vårt Malindi Guest House satt vi en stund i den orientaliska salongen, på mattor med kuddar. En skön kvällsdusch där vattnet fungerade alldeles av sej självt, lyx!

Nästa morgon delade vi frukostbord med en kvinna i 40-årsåldern. Hon hörde att jag talade svenska och presenterade sej. Hon hette Agneta och reste ensam. Tuff, tålig och glad. Hon hade till exempel nya kläder på. Hon hade nämligen rest med tåg genom Centralafrika, och på tåget hade allt hennes bagage med alla kläder blivit stulet.

– Det var ju lite förargligt, sa hon, så jag måste köpa nya. Just så sa hon. Lite förargligt. Hon berättade för övrigt att hon haft sol varje dag på fastlandet.

Malindi Guest House var i dyraste laget, så vi flyttade över till Warere Guest House. Det var egentligen fullt, men jag blev lovad plats i sovsal.

Kryddor

Nu skulle vi på tur! "Spice Tour", som skulle ta oss till kryddodlingar över ön, startade från Turistbyrån. Vi var i allt sju personer, bland andra Agneta, som vi träffade av en händelse på stan och som hängde med. Vi åkte norrut och stannade först vid ett arabiskt hammam, badhus, och sedan vid ett persiskt, Kidichi. Där blev vi bjudna på dricksnötter, som några pojkar öppnade med kniv.

Färden gick vidare genom bananplantager, palmdungar, fuktig doftande grönskande skog. Föraren och guiden Mohammad stannade och visade träd med kryddnejlika, jackfruit och papaya. Allt var underbart, så lycklig jag var. Men himlen mörknade alltmer, och till sist började det regna. Vi kom till Mangapwani Caves, Slavgrottorna, men det är ovisst om de verkligen användes till slavar. I varje fall återupptäcktes de av en pojke, som letade efter en källa friskt vatten.

Även om grottorna aldrig använts för slavar kan i alla fall namnet locka besökare. Jag ger mej f-n på att en massa inrättningar för hemskheter, till exempel Alcatraz i San Francisco, Prison Island utanför Zanzibar och nu Slavgrottorna, lockar ett flertal besökare som inte bryr sej om deras historiska värde utan bara vill känna kittlingarna av hur människor där har plågats, torterats och lidit. Jag hade undvikit en plats med namnet Slavgrottorna om nu inte utflykten gått dit. Jag behöver inte se en sån plats för att fördöma slaveriet.

Det regnar av och till. Vi stannar vid en liten lantbod och stiger in i den ångande grönskan. Vi blir uppvaktade av byns alla barn som bildar svans. Guiden visar durian, kryddnejlika, vanilj, kardemumma, muskot, vanlig peppar, kanel, jod (röd blomma med desinficerande sav), zanzibaräpple, som liknar ett rödvitt päron, och mycket mera. I lantboden kan man köpa dessa kryddor liksom en sötsak, kashata, gjord av sammanpressande malda jordnötter, råsocker och sesam.

Turen fortsatte till en strandservering. Vi satt i baren men det duggade, så något solande blev det inte. Men Tore och jag badade! Varmt och roligt men inte soligt. I baren försökte en irländska öva sin swahili på bartendern. Det spelades grekisk bouzoukimusik!

På eftermiddagen var vi tillbaka i stan. Christian, Lone, Tore och jag gick först till resebyrån på Riverman Hotel och bokade tågplats från

Dar es Salaam till Mbeya. På Warere Guest House var det kludd med rummet, så jag fick sätta in mina saker hos Christian och Lone. På kvällen möttes vi alla från Spice Tour på Africa House. Någon solnedgång var det inte tal om. Möjligen färgades himlen från grå över grårosa till grålila, och sen var det svart. Jag tyckte jag behövde något starkt efter tjafset med rummet och prövade Konyagi, den tanzaniska brandyn, samt tanzaniskt öl.

Det ösregnade, så vi kunde lika gärna äta middag där vi var, fast en trappa upp. Menyn var osedvanligt trist: kött med ris/pommes frites, fisk med ris/pommes frites och kyckling med ris/pommes frites. Resten "fanns inte". Otroligt på en sån sagoö, centrum för kryddhandel i århundraden, och med tanke på den rika variation swahilisk och indisk mat som finns i Mombasa. Småsur personal och över huvud taget dyster stämning. Jag tog menlös kyckling och öl. På nattkvisten slog vi oss ned vid en uteservering, där vi träffade några norskar. Tog en Konyagi till, kände mej trött och ledsen. På hotellet var det fortfarande kludd med rummet, men så fick jag dela med två österrikiskor.

På något sätt verkar Mombasa mer exotiskt och mer representativt för swahilikulturen än Zanzibar, fast Mombasa var mycket mindre betydande då, när det begav sej. Zanzibar är märkligt utslätat, utan karaktär, när det finns så mycket att vara stolt över. Gamla dispensären, till exempel, är en dröm i snickarglädje, och Ciné Afrique är en berömd art nouveau-biograf. Arkitekturen i Stenstaden är enastående i världen, och visst är det vackert, men ... Kanske beror det på det ihållande regnandet att jag är så gnällig.

Nästa morgon vaknade jag åtta, trött för första gången. Släpade mej ut till frukosten, som serverades i den lilla korridoren mellan våra rum. Sen fanns det inte mycket att göra. Regnet vräkte ned, och vi satt olustigt och skrev, tvättade. Lone, som skulle hem tidigare, packade för avresa. Det blev uppehållsväder, vi kramade av Lone och gick på skilda håll i stan. Jag till televerket och beställde samtal till Sverige. Dyrt! 90 kr för tre minuter. Ledsen promenerade jag längs stranden och passerade det nya sjukhuset, fotograferade. Under en ny regnskur slank jag in på Nationalmuseum.

Ena delen av Nationalmuseum är inrymd i en moské och innehåller en spännande utställning om Zanzibars historia. Andra delen över gatan har mest bara uppstoppade djur. Där fanns just inget intressant utom levande jätteskölpaddor i trädgården bakom huset, nästan en meter långa. Jag stirrade fascinerad på dessa urtidsdjur.

Nu sitter jag på Spicy Inn och väntar över en Sprite – det enda som finns utom Coca-Cola. Mittemot ligger en moské, och på gatan spelar några män brädspel. Det har slutat regna, men det är helmulet. Spicy Inn har en fin inredning – högt i tak, mörka bjälkar och en vacker balkong. Till middag får vi för en gångs skull något verkligt "spicy" – ris med kryddor och kyckling masala i världens godaste sås, dricker ananasjuice till. Varför finns det inte fler såna här ställen?

Det är verkligen ironiskt. Jag har undvikit och bojkottat Coca-Cola i hela mitt liv, men här finns det nästan inget annat att välja på. Jag har verkligen försökt beställa lokala produkter, till exempel te, men nej. I Tanzania – ett socialistiskt land. Asså, jag stödde Tanzania på 1970-talet ... Nej nu är jag verkligen gnällig.

Christian var febrig, och vi gjorde sällskap till en malariaklinik för test. På vägen tittade vi in i fortet och såg zanzibariska judoklubben träna. På Africa House satt *bara* vita. Himlen var totalt igenmulen, och det duggregnade. Alla satt på terrassen, och det kändes avslaget, ungefär som en engelsk badort under lågsäsong. Humöret var på nollpunkten.

För middag gick vi över till restaurangen Camlurs, och där var det verkligen personligt och trevligt. Jag kände mej genast bättre. På hemvägen passerade vi Jamituri Gardens på strandpromenaden. Parken var packad med folk som promenerade i sammetskvällen. Det såldes grillspett, frukt, nötter. Warere Guest House ligger vid Ciné Afrique, och där hade de också dukat upp. Vi provade kashata, sockerrör och någon dryck med krossad is. På ett litet café festade vi igen: ingefärste med mjölk och socker samt en god kaka med ingefära. Det var folkligt, trivsamt och billigt. Hit kan vi gärna gå fler gånger. Nu är allt roligt igen.

Jättesköldpaddor

Nästa morgon syns lite blå flikar på himlen! Efter frukosten går vi ut för att förhöra oss om färja till Dar es Salaam. Azam Marine går ej på söndagar, vilket Zanship gör, och så finns det snabbåten Sea Horse. Kanske vi till och med stannar en dag extra och åker till östkusten. Men vilken märklig tidtabell!

Inom swahilikulturen tillämpar man en annan klocktid. Klockan börjar med solens uppgång. Det vi kallar klockan sex är här klockan noll. Om en färja går klockan fyra swahilitid betyder det fyra timmar

Marknadsgata utanför
Kampala, Uganda

Nairobi centrum, Kenya

Kungamausoleet Kasubi Tombs, Uganda

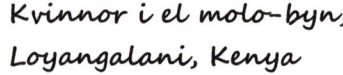

Turkanasjön, Kenya

Två rara samburukvinnor,
Baragoi, Kenya

Kvinnor i el molo-byn,
Loyangalani, Kenya

Brädspel i Zanzibar, Tanzania

Tortoise Island, Zanzibar, Tanzania

Liten flicka och stor ananas,   Guiden Jackson, Manchewe-
Zanzibar, Tanzania   fallen, Malawi

Utsikt från Livingstonia, Malawi

Det stora
tornet,
Great
Zimbabwe
Ruins

Trevliga traditionella örtläkare, Great Zimbabwe Ruins

Musi o tunya (Victoriafallen) från Zimbabwes sida

Harare centrum, Zimbabwe

efter solens uppgång, alltså klockan tio med Greenwich Mean Time (GMT).

Vi skildes. Christian och Tore besökte Livingstonehuset, medan Lone och jag gick till Floating Restaurant, där jag skulle växla pengar med agenten för Tortoise Island-turen. Vi gick slingrande gator och kom till sist till den lilla butiken Zanzibar Souvenirs, där en indier växlade. Jag fotograferade mer i Stenstaden nu när det äntligen var fint väder. De zanzibariska portarna är enastående i skönhet.

En Enda Solig Dag. Halv elva åkte vi sex turister, fyra nederländare och så Tore och jag, med motorbåt ut till Tortoise Island eller Prison Island som den också kallas. Turen kostade 5000. Nederländarna bråkade med ägaren för att summan inte var jämnt delbar på sex. Det blev 200 shilling över, fasa. Alltså tre kronor. Irriterad tog jag upp ett 200-mynt och bjöd dem.

Färden över turkosblå vatten tog en dryg halvtimme men oj vad det gungade. Tortoise Island var en riktig paradisö, dock utan kokospalmer. Det kostar 1 USD att gå iland. Ön är 900 meter lång och 300 meter bred, och jag gick snart runt den. Det var lågvatten, i små håligheter levde snäckor, krabbor, sjökorvar, sjöstjärnor, ödlor och neontetror kvar. Särskilt sjöstjärnorna var vackra, lysande röda eller blå. Stränderna var täckta av korallrev och inlandet klätt med lövträd och buskar. Det ligger ett övergivet fängelse på ön, därav namnet. Det är ovisst om det någonsin varit i bruk, men som sagt, alltid lockar namnet någon. Tortoise Island stämmer bättre, på ön lever jättesköldpaddor. Jag matade en med frukt, akta fingrarna! Medan vi badade och solade kom högvattnet, och till sist var det bara en liten strandremsa kvar. Vi tog en öl på den lilla restaurangen.

På eftermiddagen reste vi tillbaka över guppigt vatten. Vi gick genast till Zanship och fick veta att vi måste köpa biljetter redan i morgon. Tore behövde växla och gick till en pakistansk butik bredvid caféet från igår. Men när han räknade pengarna var det något som inte stämde: för 40 USD hade han fått 160 000 shilling! Vi stod som levande frågetecken. Jag växlade ju igår, och då fick jag tio gånger mindre, 16 000. Blev jag lurad?

Vi gick vår väg, fundersamma. Alla dessa nollor förvirrar oss, men till sist kom vi fram till att pakistaniern gjort fel, och Tore hade fått tio gånger för mycket. Man tror lixom alltid att det är man själv som virrar till det och lokalbefolkningen som gör rätt. Men så var det inte. De två halvvuxna pojkar som visat oss vägen iakttog det lilla dramat, och nu krävde de pengar av Tore för att hålla tyst. Tore vägrade, och det slutade med gräl.

Vi träffade Christian och Lone igen och tillsammans satte vi oss och tittade på solnedgången för att lugna ned oss. Tore bestämde sej för att lämna tillbaka pengarna. Men först måste vi äta, vi hade inte ätit på hela dagen och det var långt till växlingskontoret. Med en engelsman gick vi till Camlurs, där jag denna gång tog curry med räkor i kokossås, väldigt gott, även om växlingshistorien gnagde oss. Vi var just på väg till pakistaniern när han själv kom på scooter. Han var ute och letade efter oss, förtvivlad och desperat över sitt misstag. Eftersom Tore inte var säker på att det var rätt man, han mindes knappt hur han såg ut, följde han med honom på scootern till växlingskontoret.

När vi satt på Warere Guest House kom Tore tillbaka och berättade att pojkarna tydligen haft sin del i att lura den stackars mannen, det hade blivit ett himla liv och nu letade man efter dem. Upprörda delade vi en Konyagi. Vi träffade en danska, som kommit till Tanzania för att arbeta som vävlärare.

Språk i Tanzania

I Tanzania har swahili en starkare ställning än i Kenya, eftersom det, vid sidan av engelska, är officiellt språk, inte bara nationellt som i Kenya. Men liksom i Kenya är det ett språk som utgör modersmål endast för ett litet antal människor – ungefär 500 000 – i förhållande till de 36 miljoner som har andra modersmål. Tanzania har totalt 127 språk, varav fem med minst 1 miljon talare var. Andra språk som talas över gränsen till Kenya är massaj och luo.

De flesta av de större språken tillhör bantufamiljen (t.ex. sukuma, gogo, nyamwezi, swahili), men det finns också stora nilenspråk (t.ex. massaj, luo) och några små kushitiska språk. Två stora minoritetsspråk är arabiska och det indiska gujarati. Särskilt intressanta är språken sandawe och hadza. De är khoisanspråk och därmed ursprungsspråk i centrala och södra Afrika. Khoisanfolken trängdes undan söderut av bantufolken och förekommer numera nästan enbart i södra Afrika. En liten ficka har blivit kvar i Tanzania.

Östkusten

Nästa morgon var det åter mulet. Naturligtvis. Den Enda Soliga Dagen var över. Men vi hade ändå bestämt oss för att resa till östkusten. Flera personer vi pratat med hade sagt att där sken minsann solen. Utflykts-

52

bussen hämtade oss vid hotellet med fem andra. Först stannade vi vid Zanshipbolaget och köpte biljetter till Dar es Salaam, och sen bar det av över ön. Det tog drygt en timme, men: det började regna igen. Det här är verkligen sorgligt.

Den lilla jeepen stannade vid badorten Bwejuu, en by med några hotell, restauranger, bungalows och caféer. På en servering drack vi te tillsammans med andra turister som huttrade och spelade kort. Palmerna avtecknar sej mot de blå åskmolnen. Christian tycker att de är så blå att med lite god vilja kan vi låtsas att det är himmel.

När det blir uppehåll går jag ut på stranden. Från sanden plockar jag några vackra koraller och snäckor, särskilt en gracil rosa spindel-snäcka, *Lambis digitala*, knytnävestor. Den har jag numera i mitt badrum. Det är lågvatten med säkert 500 meter strandremsa. Där finns koraller, sjöborrar, sjökorvar och några små fiskar, men inte så mycket liv som vid Tortoise Island igår. Ute vrålar de mörkblå bränningarna.

Jag tänkte gå ut till revet, men det verkade så långt att jag vände. Det var nog tur, för på väg in mot land igen kom nästa skur. Det vräkte ned, vräkte som det bara kan göra i tropikerna. Det dröjde ett bra tag innan jag hann till serveringen för att få skydd. Jag såg ut som en dränkt råtta och fick låna en torr jacka av en danska. Det serverades i alla fall en god lunch, ris med kokossås. På vägen tillbaka till stan gjorde bussen ett uppehåll i Jozani Forest, ett naturreservat, där vi kunde beundra de sällsynta röda aporna som svingade sej i bladverket. Det var varmt, fuktigt och skönt i den doftande djungeln.

Tillbaka i stan drack vi kryddte på Spicy Inn. Christian och jag gick bron över det moskitsjuka träsket och fotograferade; Christian en fotbollsmatch och jag en ny modern stadsdel, där höghusen var ungefär lika själlösa som höghus brukar vara. Stadsdelen hette faktiskt "Nya Östberlin". Muntert.

Utanför moskén vid Ciné Afrique stod tre bänkar, och en man sålde kaffe i små koppar från en vagn, fem shilling, nästan gratis. Vi satte oss på bänkarna med var sin lilla kopp. Det var bland det godaste kaffe jag någonsin druckit, smaksatt med kardemumma. Medan vi satt där kom en äldre muslimsk man i fotsid vit klädnad och informerade oss vänligt att det var en privat bänk där moskébesökarna samlades efter bönen. Men vi fick lov att sitta kvar och dricka upp, bara för att vi var utlänningar och gäster i landet.

När vi strövade och köpte sötsaker bland saluständen kom plötsligt det nederländska paret från Turkanaturen! Det var roligt att se dem igen. Så är det ofta på reswilor, folk slingrar sej om varandra, skiljs och möts här och där.

Middagen på Seaview var mindre lyckad: "Vegetarian plate" skulle bestå av sju vegetariska rätter, varav en visade sej vara stekt potatis. Okej, potatis *är* vegetariskt, men … Efter Seaview gick vi till Africa House (jag börjar tröttna på det stället). Övervåningen var stängd, i våningen under träffade Tore en myntsamlare och de fick mycket att prata om. Christian och jag satt en stund på Café Afrique. Jag tog en ingefärsbulle och lyssnade på indisk musik och pratade med servitören. Där var tre anställda – en afrikan, en indier och en arab – och det kan väl representera Zanzibar. Café Afrique har blivit vårt favoritställe, men i morgon drar vi till fastlandet.

Dar es Salaam

Väckarklockan ringde tidigt. Vi hade packat det mesta innan och gav oss av mot Zanshipbåtarna. På vägen stannade vi vid cafévagnen från igår och drack av det goda kaffet för sista gången. Vi gick genom tullen, fast egentligen förstår jag inte hur det kan vara en tull när det är inrikes, och drog iväg mot en stor grön lastbåt, Melanduzi, det lät spännande. Men det var inte den, och vi gick emot en mindre vit, Mandeleo. Men det var inte den heller, och till sist kom vi fram till en liten vit färja, knappt större än flygbåten Malmö–Köpenhamn. Vilken besvikelse! Jag har haft någon romantisk dröm om lastfartyg till Dar es Salaam, och den drömmen inkluderade inga små flygbåtar.

Vi fick bra platser på däck, med avgång klockan åtta. Men överfarten blev fruktansvärd. Det var hård sjö, och det gungade förfärligt. Christian låg på bänken och jag på golvet. Jag for som en vante hit och dit och domnade bort en stund. Folk satt eller låg, kräktes som katter till höger och vänster. Christians ryggsäck sölades ned *igen*. Tore satt oberörd och skrev. Utan tabletter.

Resan till Dar es Salaam tog fem timmar. Efter den jobbiga tullen, där folk buffades hemskt, gick vi för att leta rum. Luther House hade fullt. YMWA hade en barsk dam till föreståndarinna. Jodå de hade plats, men de tog inte två ensamma män, så jag fick gå in som garant. Stället var minutiöst välskött. De andra gästerna arbetade som hjälparbetare eller missionärer. På gården fanns en småskola och en sjuksköterskeskola, och stället präglades av en kristen atmosfär. Det märktes redan på Luther House, där en ungdomsgrupp höll konsert. Kyrkklockor ringde i bakgrunden. Kristendom och fastland, efter den muslimska ön Zanzibar. Det kändes både välbekant och främmande. Jag mådde fortfarande illa efter sjöresan och köpte ett paket kex för att få något i magen. Vid strandpromenaden beundrade vi den vackra hamnen, en av Östafrikas största. Men staden själv var inte speciellt upphetsande. Litet centrum, opersonligt, trist. Söndagsdött, och efter regnet låg gatorna i pölar. Men inte verkade det så "farligt" som vi blivit varnade. De fåtaliga illegala växlarna skakade vi snart av oss.

Kenyanerna hade varnat oss: Här i Kenya är det säkert, men var försiktiga i Tanzania. På Zanzibar sa de: Här på Zanzibar är det säkert, men var försiktiga i Dar es Salaam. I Dar es Salaam sa de ... Så gick det laget runt, tills alla hade varnat för alla.

På en liten vänlig servering åt vi lammcurry, chapati och te och fortsatte i sakta mak till Kilimanjaro Hotel, ett lyxhotell i samma sjuka stil som Kampala Sheraton. Restaurangen på första våningen var stängd, men vi fick i alla fall beundra utsikten. På bottenvåningen mittemot receptionen fanns en självservering med juice av stjärnfrukt, mycket gott. Men plötsligt blev jag så trött. Christian och Tore planerade middag och sen krogrunda, men jag ville bara hem. Jag var på hotellet redan klockan sju. Benen ville inte bära mej, och jag hade värk i hela kroppen. Skulle jag bli sjuk? De andra kom hem 22.30, och själv tassade jag upp på natten på toa. Stan låg mörk och öde.

Med Tazara genom Tanzania

På morgonen börjar den vansinniga trafiken. Att jag är inomhus hjälper inte, bullret snarare förstärks och får eko av stenväggarna. Skolbarnen har rast och är otroligt skrikiga. Jag känner mej verkligen dålig, mycket matt, febrig och illamående.

Vi tog en taxi till Tazara järnvägsstation, som är byggd av Kina och som liknar Centralstationen i Warszawa. Christian och Tore lyckades ordna biljetter medan jag vaktade bagaget. Jag ville åka tredje klass men övertalades av dem att åka andra, sen första. Bekvämligheten segrade. Vi fick vår egen kupé, rymlig och fin med fyra platser, och så rullade tåget igång. Vid en liten station köpte vi dricksnötter. Men snart var jag så där trött och matt igen. Jag kröp upp i överslafen och sov och dåsade hela dagen, medan tåget körde igenom en nationalpark och de andra beundrade antiloper och giraffer. Jag åt ingenting på hela dagen och sov hela natten, allt som allt 20 timmar. Jag tog inte så allvarligt på det, jag kan få såna utmattningskollapser ibland och då sover jag ett dygn eller så, och sen går det över.

Vädret var mulet hela dagen. Det verkar som om det dåliga vädret förföljer oss.

Buss, cykel och buss

På morgonen mådde jag mycket bättre och åt frukost med god aptit i restaurangvagnen. Vid 8.45 stannade tåget i Mbeya. Vi tog taxi från den pampiga taxistationen till busstationen, det var en bra bit. Där satt vi en timme och väntade på bussen till Kyela. Det var förfärligt larmigt, ganska kyligt men soligt. Vi fick vår sol till sist.

Så kom bussen, det vill säga det var en lastbil med flak och bänkar och en presenning till tak. Vi var 30–40 passagerare, med säckar, påsar, väskor, bylten, en höna. Det tyngre bagaget lades upp på taket. Lastbilen dånade, dammet yrde. Det var så trångt att konduktören inte kunde komma fram utan förflyttade sej genom att klättra längs insidan av presenningen.

Resan varade i tre timmar och blev lite jobbig. En ung flicka sjönk ihop och mådde illa. Hon fick min oanvända kräkpåse från Zanzibar-färjan. Vi gick av strax innan Kyela. Där väntade pojkar med cyklar som tog oss till den malawiska gränsen fem kilometer bort. En tog bagaget på pakethållaren, en mej. Det blev en svettig tur för dem, men undan susade vi i nedförsbackarna. Nu har vi provat alla fortskaffnings-medel: flyg, bil, buss, tåg, båt, cykel.

Vid gränsen var de tanzaniska tullarna påfallande arroganta och bryska. En engelsman liksom Tore saknade kolerastämpel, och därför förvägrades de lämna landet. Tullarna krävde vaccinering och sex dagars fortsatt vistelse. Fast … för 50 USD kunde de tänka sej att göra ett undantag. Tore hotade med ambassaden och annat ont, och till slut släppte de honom.

Malawi

Inga byxor!

Vi gick över en bro och in i Malawi. Här var tullarna lika godmodiga som alla andra tullare har varit utom just de tanzaniska. De undersökte minutiöst det bagage som var inne i lokalen men inte det som stod utanför. Det var tur, eftersom jag hade ställt min ryggsäck där och i den låg min Lonely Planet. Den är förbjuden i Malawi, eftersom den innehåller kritik av regimen. Inte heller får kvinnor bära långbyxor. En tyska i 50-årsåldern blev tillsagd att ta på kjol eller kanga eller något. De pikade henne:

– Ska du föreställa kvinna va? Titta!

De pekade på mej där jag stod i min kenyanska kanga.

– Så där ska en kvinna se ut!

Man tackar.

Som av en slump råkade det sitta en malawisk kvinna utanför tullstationen och sälja kangor, och tyskan köpte en.

Från den lilla gränsposten gick det en buss till Kaporo, där immigrationskontoret låg och där vi skulle få en stämpel. Biljetten kostade 2:40. Valutan har plötsligt blivit väldigt lätthanterlig. Den malawiska kwachan motsvarar grovt sett en svensk krona. Men vilken skillnad i köpkraft.

Växlingskurs 1992
Valuta 1 MWK (malawiska kwacha) = 1:10 SEK (svenska kronor)
Lathund: Man gör ingenting.

Prisexempel 1992
En kaffe 2:50 MWK
En öl 4 MWK
En klase bananer 0:40 MWK
En kokosnöt vet ej
Enklare lunch 6 MWK
Dyrare middag 12 MWK
Buss 20 km 2 MWK
Taxi inom tätort vet ej
Ett enkelt hotellrum 10 MWK

I Kaporo var de verkligt kinkiga om än fortsatt vänliga, ville veta exakt vart vi skulle, hur mycket pengar vi hade, om vi hade bankkort etc. Under tiden väntade bussen snällt på oss, här är det ingen brådska. Resan var bara 22 kilometer och borde ha gått fort, om det inte varit för de täta hållplatserna med av- och pålastningar av nya bylten och säckar.

Bussen var fullpackad. Två kvinnor bakom oss stod och skrek med gälla röster. Jag började bli trött igen och väldigt ljudkänslig. Det var hett, säkert 35 grader.

Slow Motion Country

I Malawi fick vi ställa tillbaka klockan en timme. Den visade på 17 när vi var framme i Karonga, en småstad. Där fick vi tre utsökta små enkelrum på Kankhununu Rest House. Inget vatten, men det skulle komma senare. Vi gick genast ut för att äta, till Safari Lodge.

Det var fint och lyxigt, och folk var påfallande mjuka och behagliga, mer än i något annat land vi besökt. Men Christian namngav genast Malawi till Slow Motion Country. Med Carlsberg öl! Det tog en timme efter att vi beställt tills vi fick maten, och då var vi ändå nästan de enda gästerna. Då och då kom en kypare och satte långsamt fram ett glas eller ett ketchupställ. Jag blev alltmer trött och illamående, och när maten kom, stekt fisk, som såg ut som och smakade som abborre och som nog kunde ha varit god, petade jag bara i maten.

De andra ville gå en barrunda, så jag gick ensam hem i kolmörkret, hittade knappt, men en ung pojke, Christopher, visade mej. På rummet sjönk jag ihop på sängen. Natten blev hemsk. Jag har tagit starka värktabletter i flera dygn, men de hjälper inte längre. Jag har värk i hela kroppen, och så kräks jag. Huvudet är som en betongklump. Nu börjar jag bli verkligt orolig. Vanlig turistdiarré är det inte; magen är det inget fel på.

Sjuk i Chitimba

Nästa morgon mådde jag fruktansvärt. Det blev inte bättre av att vi måste checka ut redan åtta. Jag gick med stor möda till Safari Lodge för frukost. Efter denna mådde jag bättre, med fyra koppar kaffe, tre glas vatten, stekt ägg, bröd, pommes frites (!).

Nu går vi genom stan, ned till den fina stranden vid Malawisjön, en härlig sandstrand. Vägen dit går över solstekta grässlänter med kor och herdepojkar. Kalvarna passas av treåringar. Vi solar på stranden och badar. Flera män badar nakna, och några kvinnor topless med kanga. Stilen är avspänd. Vi äter currykyckling på den närbelägna restaurangen Club Marina, och vi beundrar sjön som är mörkt turkos. Jag trodde vattenytan var horisonten, men nu avtecknar sej berg ur diset. Men det blir en tung vandring tillbaka till stan. Solen steker ordentligt, och kroppen smärtar för varje steg.

Vi skulle till Livingstonia. Bussen skulle gå vid 15.30, och det var en historia för sej. Trots att vi hade reserverat platser och kom i god tid var bussen redan överfull. De som satt på våra platser vägrade flytta på sej. Konduktören körde bort dem, bland annat en med kryckor, de fick lämna bussen och blev sura, vi skämdes.

Till sist ordnade det sej ändå, alla kom med och det bar iväg. Det var en expressbuss som susade över de fina asfaltvägarna. Det värsta var att jag måste på toa så ofta. Trots att jag dricker väldigt lite, för lite, rinner det rakt igenom. En gång fick jag panikstoppa bussen i en by och låna toan i ett hus. Det verkar som om hela systemet är ur balans, jag har inte varit med om detta tidigare, det bekymrar mej.

Några timmar senare stannade chauffören och sa att detta var vägen till Livingstonia och att vi tre skulle gå av. Plötsligt var vi avsatta mitt på landsvägen med några hus. Samlingen av dessa hus hette Chitimba, och härifrån skulle vi ta oss upp i bergen till Livingstonia. Buss och taxi var det inte tal om, och några andra färdmedel fanns det inte heller. Men det fanns faktiskt ett litet härbärge eller vad man ska säga, Rest House, med bäddar för fem. Ingen el och inget vatten, men i alla fall. Toa i ett skjul i skogen. Bakom huset en liten gård med en eld, baljor, höns. Detta var rena landet, en stad enligt kartan, vid Malawisjön, omgiven av höga berg. Några fler hus låg längre in i skogen.

Vid handelsboden fick vi höra att en skjuts skulle gå till Livingstonia, och att vi skulle få följa med. Allt verkade bra, vi skulle bara vänta lite. Så vi väntade lite. Vi satt på handelsbodens trapp och väntade lite tills mörkret föll. Inne i handelsboden var det mysigt med en gaslampa och en snäll expedit. Jag köpte Andrews Liver Salt, som Tore sa skulle vara bra för mej. Han trodde att jag led av uttorkning, att jag genom saltbrist inte kunde binda vattnet jag drack. Det låter rimligt.

Tiden gick, och allt verkade bli mer flytande. Chauffören kommer snart, han är bara hemma och dricker ... Coca-Cola, sa de med en liten fördröjning, mikrosekundskort men fullt hörbar. Sen är det inte säkert att han kan ta med er etc. Vi började tveka. Vi hade sett hur han stod och mekade med motorn med en cigarett i mungipan, och i bilen stod ett bensinfat. Vi misstänkte att han satt hemma och drack något starkare än Coca-Cola. Detta och slingriga bergsvägar och kolmörker avgjorde det. Vi stannade på det lilla härbärget. Där träffade vi två nya zeeländskor vi sett vid gränsen, liksom några engelsmän som tältade.

Jag började bli sjuk igen, så jag la mej i den hängiga och knöliga sängen. Den var som ett himmelrike. På natten gick jag upp fem gånger bakom knuten fast jag inte druckit något. Samma procedur: trassla sej ut ur moskitnätet, treva efter sandaler, toapapper, ficklampa, smyga ut, huka sej och tillbaka.

En gång hör jag att något rör sej. Jag tänder ficklampan och i ljuskäglan står en hund, bländad och lika skräckslagen som jag. Hundbett! Rabies!! Jag vet inte om jag ska fortsätta blända hunden eller släcka, men jag släcker och han springer iväg.

Liver Salt hjälpte inte alls, men mitt i natten kom jag på att jag sparat salt och socker från flyget. Jag blandade det i vatten och drack i små klunkar. Det hjälpte faktiskt. Nästan omedelbart kände jag hur huvudvärken släppte. Men det är som om hela systemet är rubbat. Både värmereglaget och vätskebalansen. Och så denna växling mellan bra och dåliga perioder. De bra perioderna blir allt kortare. Utsträckt i sängen går jag igenom alla tänkbara sjukdomar i tankarna.

Språk i Malawi

Ett så till ytan litet land som Malawi och med bara 11 miljoner invånare har 14 språk. Samtliga, utom några små språk, är bantuspråk. De största är nyanja med 7 miljoner talare, tumbuka och yao med ungefär 1 miljon var. Nilenspråken är borta här, vi är långt från Nilen. Det finns en liten indisk minoritet. Officiellt språk är engelska.

Ett problem är att många språk har flera benämningar. Nyanja kan t.ex. också heta chewa eller chichewa. Ett annat problem är svårigheten att skilja mellan språk och dialekt. En hållpunkt är att om de är ömsesidigt förståeliga så är det två dialekter, om inte, är det två språk. Men enligt det kriteriet skulle ju norska och svenska vara två dialekter ...? Ett annat kriterium lyder: "Ett språk har en armé bakom sig, en dialekt inte."

Livingstonia: som ett skånskt tegelbruk

Christian och Tore vaknade halv sex och gick ned till stranden och badade. Jag hade gärna velat följa med men orkade inte utan sov en timme till. Sen berättade de lyriskt om att bada nakna i Malawisjön mot soluppgången, se byn och Afrika vakna ... Det lät underbart, och här låg jag och var sjuk. Vi åt lite frukost, bröd och te, och gick sen till handelsboden för att vänta på skjuts, och där köpte jag en underbar kanga, gul med svart mönster. De malawiska har inga ordspråk.

Efter två timmars väntan fick vi lift tillsammans med nya zee-ländskorna i en liten flakbil. Vägen slingrade sej i hårnålskurvor. Bilen stannade säkert var tionde minut för motorfel eller punktering. De 16 kilometrarna tog en timme. Men naturen var storslagen. Livingstonia är något helt i sitt eget slag. (Varför har allting namn efter engelska upptäcktsresande eller drottningar, fast jag vet svaret.) En märklig by med tegelhus som liknar ett skånskt tegelbruk. Här finns mycket: sjukhus, skolor, kyrkor, post, bank, allt i rött tegel. Rött tegel? Här? Överallt växer röda julstjärnor, såna man köper till jul, fast här är det stora buskar. Vi får rum på Stone House, ett minutiöst välskött pensionat med vidhängande museum över Livingstonias mission. Dyrt men flott. Höns som går och sprätter. Vänlig personal.

Med dyrt menar jag 25 malawiska kwacha, det vill säga 28 svenska kronor. Men andra ställen skulle bara ta 10 ... Vad blind för priser man blir. Med flott menar jag varmt vatten i duschen! Toalettpapper! Tvål!

Men det mest fantastiska är utsikten. Själva Livingstonia ligger 1500 meter över havet. Runt om den lilla missionen utbreder sej gröna gröna dalar, och i fjärran syns blånande, ännu högre berg. Denna punkt har "some of the most spectacular views in Afrika" enligt Lonely Planet. Landskapet är ett smaragdsmycke. Underbara linjer och mirakulös ro. Prunkande blommande träd.

På den lilla missionsstationen bodde en nederländsk läkarfamilj med sex år i Zambia samt en engelsman, som var där för att reparera kyrkfönstren som någon bråkmakare slagit in med tegelstenar. Nederländarna hade tre barn. Nu skulle de ned till sjön och bada, och vi fick åka med i deras flakbil för att bese Manchewefallen. Men först skulle de in i hantverksbutiken, en enkel liten butik med vackra varor. Av den mycket trevliga försäljaren köpte jag en träsked man rör nsima med (samma som ugali på swahili, majsgröt alltså) och några vykort. Sen skulle de köra hem sina inköp, och sen det och sen det ... De har tydligen anpassat sej till malawisk livsstil, och dumma vore de annars. Sen körde de fel, och vi måste vända.

Väl framme vid Manchewefallen får vi genast kontakt med några amatörguider, pojkar i tonåren, som för en mindre ersättning leder oss runt de olika stigarna till de 60 meter höga fallen. Vyerna är hänförande. Min guide Jackson visar mej den första anhalten där vi ser fallen uppifrån med utsikt över en dal. Den andra anhalten är en platå varifrån vi ser ett annat fall, jag har aldrig sett något vackrare. Smaragdgröna kullar, silverfallet. Jag kan stå här i evigheter. Guiden Jackson irriterar mej lite genom att prata prata om annat, han bryter andligheten. Men sen går vi vidare, en stig leder till en grotta *innanför* ett fall. Där står vi tysta, inneslutna, medan kaskaderna dånar, i en magisk spänning och betraktar de mångmeterlånga mosslianerna som strilar av vatten. En säregen känsla.

Säregen var också vandringen tillbaka upp. Jackson följde mej halva vägen och visade mej sedan en genväg. Det hela tog en timme, uppåt i stekande eftermiddagssol, och nu hade jag sån där huvudvärk igen. Landskapet flimrade. Resten av dagen satt jag på verandan, drack te, skrev och njöt av stillheten och landskapet tills mörkret föll. På kvällen middag med ostgratinerad pasta, bönor, äggblandning. Det var otroligt läckert, vilket jag också framförde till kokerskan.

Det var skönt att slappa. Vi satt i sällskapsrummet, pratade, drack Konyagi, skrev. De nederländska barnen sjöng. Jag gick runt för att fotografera. Huset var så intressant. Köket var fantastiskt i sitt slag, som ett burget svenskt kök från 1920-talet med en jättelik svart spis. Där träffade jag nattvakten, Mr Msiska, en man i 60-årsåldern. Han berättade att han bor vid stora vägen och går upp och ned varje dag. Och så klagar jag.

På flakbil och buss mot Lilongwe

Solen steg upp över bergskammen. Idag ska vi fortsätta söderut, nederländarna har lovat oss lift till Mzuzu. De packade effektivt i flakbilen, och så bar det av. Tore och jag satt på flaket. Vid foten av berget ligger en strand, där vi tog en paus och badade. En man kom och påstod att det var hans privata strand. Familjen, som talar flytande nyanja, gav honom en mindre summa. Mannen i familjen körde vidare bara för att upptäcka att han glömt sitt pass i Livingstonia! Han lämpade alltså av oss och familjen på landsvägen och körde tillbaka. Där satt vi och väntade och pratade. Frun berättade om deras tid på ett sjukhus i Zambia.

Mannen var tillbaka efter 1 ½ timme, hon var ändå inte mer än elva. Nu satt vi alla tre på flaket som märlor i två timmar, Tore, Christian och jag. Det enda vi kunde göra var att lirka ut ett ben i taget och sträcka på det. Men undan gick det. Klockan ett var vi framme i Mzuzu, där expressbussen till Lilongwe just hade gått. Men lokalbussen skulle "strax" gå. Det stämde, efter bara två timmars väntan gick den. Det blev en intressant väntan. Vi köpte samosa och frukt och tittade på folk. En

62

typ gick omkring i solglasögon och freestyle. Andra hade varit i stan och köpt dunkar, en balkong (!) och annat. Ett problem var att vi inte hade någon malawisk kwacha. Banken var stängd, och ingen verkade växla privat. Jag började få huvudvärk igen och höll mej i skuggan. Färden från Mzuzu till Lilongwe tog åtta timmar och var hemsk. Hade jag varit frisk hade det väl varit okej, men nu var det faktiskt jobbigt. Fullpackad, skakig, dragig buss. Jag försökte sova med en handduk mot rutan. Först satt en mamma med ett hysteriskt sparkande och skrikande barn bredvid mej. Ett tag var det tomt, så jag kunde ligga på sätet, och till sist var det fyra barn. En gubbe gick på, gråsvart själv, i svart kostym och med en illrosa stickad mössa nerdragen över öronen. Lite elakt kallade vi honom "Rosen".

Naturen var fin så länge den syntes, men halv sex prick gick solen ned. En gång var det poliskontroll, då en polisman kom in och tittade på allas legitimation.

Mitt i natten körde vi in i Lilongwe. Vid det laget var jag så sjuk att jag knappt kunde stå. Vi lyckades få det sista rummet på City Council Rest House. På den muromgärdade gårdsplanen låg mängder av människor och sov, det är naturligtvis säkrare än att sova på gatan. I vårt rum fanns det bara två sängar och ett stengolv. Christian erbjöd sej att sova på golvet mot att vi betalade hans andel. Det var ljuvligt att lägga sej. Jag tog starka tabletter och somnade.

Äntligen läkarhjälp

Nasta morgon var huvudvärken borta, men detta kunde inte fortsätta. Tore skulle till sjukhuset för att få sin kolerasprut, och jag måste få läkarhjälp, så vi gick tillsammans. Det var en bra bit att gå. Lilongwe är en märklig stad, mycket utspridd och uppdelad i tre stadsdelar med skogsområden emellan. Vi gick på asfalterade gator och på röda stigar.

Sjukhuset var litet och nybyggt, mycket modernt och välskött, med en separat lepraklinik. Akuten var fullproppad av människor, pest, detta kommer att ta hela dan. När vi gick runt för att försöka orientera oss fick jag syn på en skylt: DR KAYAMBO, PRIVATE PRACTISE. Frestelsen blev övermäktig, och jag gjorde något som jag vanligtvis inte skulle ha gjort: jag köpte mej ur kön. Det var bara att anmäla sej hos läkarsekreteraren och betala 10 kwacha (11 svenska kronor alltså). Och det hade de flesta människor i väntrummet inte råd med. Nu 2005 ser jag att den malawiska kwachan sjunkit till en tiondel av sitt värde. Så i stället för att få 1 kwacha för 1 krona får man nu 10 kwacha. Kan man gissa att vanligt folk har fått det ännu sämre?

Det var bara ett fåtal patienter före, och snart var det min tur. Jag berättade att jag var mycket matt, hade stark huvudvärk, kramper och värk i hela kroppen, att vattnet bara rann igenom mej och andra otrevligheter. Dr Kayambo frågade om jag hade ont *inne* i huvudet. Ja just så var det! Samtidigt skrattade vi, för var ska man annars ha ont. Men det var en bra beskrivning. Det var en huvudvärk jag aldrig förut haft, och den verkade ha sitt säte djupt inne i hjärnan, inte strax under huden som man annars har. Han tittade mej i halsen och hummade lite som läkare gör, och sköterskan mätte blodtryck och puls. De tog ett malariatest, men det var negativt. Läkaren kunde inte ställa någon klar diagnos men gav mej till sist medicin mot tyfoid, smärtstillande medel och några faderliga råd. Jag var mycket lättad att ha blivit läkarundersökt, skönt att få medicin.

Tore hade fått sin spruta och gått i förväg. Vi skulle eventuellt ses i det nya centret, City Center, men det var hemskt lång väg, och jag tyckte inte jag orkade. Med tyfoid har man rätt att vila. Det var ändå tre kvarts väg tillbaka. Det var en intressant promenad lite i utkanten, förbi ett fängelse med kål- och salladsodlingar, ett mödrahem, en slänt, en bro, ett litet centrum med konsthantverk. Jag var tillbaka vid femtiden, låg och vilade men kände mej redan mycket bättre.

Vid frukosten träffade vi Ingrid, tyskan från den tanzanisk-malawiska gränsen, som "inte var någon riktig kvinna" och vi beslöt att slå följe till Lusaka. På hotellets servering tog vi nsima med stekt mangold, gott. Hon och jag delade ett dubbelrum. Mitt i natten vaknade jag och låg länge och snodde mej och gick igenom allt som hänt. Rummet verkade fullt av mygg, eller var det som jag drömde, jag drog lakanet över huvudet och somnade om.

Medicinen hjälpte, från och med nu blev jag bara bättre och bättre. Alla fyra åt frukost, risgröt med te. Vi gick till busstationen och fick genast en buss till zambiska gränsen. Det var nästan för bra för att vara sant. (Ja det *var* för bra.) Det var en fin buss, och de lät oss ta in bagaget längst bak. Tyvärr spelade de lingalamusik öronbedövande högt, så jag satt med öronproppar hela resan. Jag kände mej lite fånig men stod bara inte ut, försökte dölja propparna med frisyren. Vid middagstid var vi framme vid gränsen. Adjöss till Malawi. Ingrid hoppade genast i sina byxor.

Zambia

Chipata ingen höjdare

På zambiska sidan var tullarna hyggliga som de varit överallt utom i Tanzania, men för första gången måste vi lämna skriftlig tulldeklaration. På andra sidan stod en liten flakbil och väntade. Ingrid ville genast börja lifta till Lusaka, men vi övertalade henne att följa med till Chipata någon mil bort.

I Chipata är det tvärstopp. Inga fler bussar går till Lusaka idag. Christian och Tore vill stanna, trots att det bara är mitt på dagen. Ingrid och jag beslutar att försöka lifta. Vi får genast skjuts till utkanten av stan, men sedan är det tvärstopp. Söndagsstiltje. Vi väntar. Och väntar. Efter en stund kommer en ung pakistanier i flakbil från andra hållet. Han försäkrar att det är omöjligt att få lift en söndag och erbjuder sej att köra oss tillbaka till busstationen, och det är väl lika så gott.

Jag hoppade av vid busstationen, Ingrid däremot var fast besluten att göra något mer av dagen och åkte med pakistaniern till en nationalpark. Nu gick jag omkring och förfrågade mej om busstider och fick samma besked överallt: i morgon bitti. Då måste vi ta en lokalbuss till den stora interregionala stationen för långfärdsbussar. På ett Rest House vid busstationen åt jag en enkel lunch, nsima och köttgryta med grönsaker. Sen fanns det inte mycket mer att göra än att vänta, och nu sitter jag på den sköna eftermiddagsbalkongen, solar och skriver.

Vid fyratiden kom Christian och Tore, och ungefär samtidigt Ingrid i pakistaniernes bil. Alla samlade igen. Hotellet var fint och prydligt med en handelsbod på gatuplanet. En trevlig kvinna skötte både hotellet och affären. Det låg vid stora bussplanen, så vi hade god uppsikt över trafiken. Där fanns en liten restaurang med tv, en suddig bild med ett komediprogram. Även Christian och Tore hade försökt jaga bussar under dagen, och de berättade en otrevlig episod om en man som var full och aggressiv.

Nej Chipata är ingen höjdare. Vi gick till affären på vårt hotell där kvinnan just höll på att mata sin rosaklädda baby. Det började bli olustigt utanför. Unga män, fulla eller påtända på drogen kanja, vinglade omkring och pratade osammanhängande. Det här är tydligen ett otrevligt ställe. Vi pratade lite med en kvinna i 45-årsåldern i toppluva, rolig och väldigt rar. Hon skulle bara resa 30 kilometer bort men måste ändå sova på busstationen till fem i morgon bitti, och det var redan kallt. Ett hårt resande. Vi träffade en man som också skulle till Lusaka, han lovade skjutsa oss till den stora busstationen, vi bestämde halv sex i morgon bitti. Sen satt vi på våra rum tillsammans och delade vår sista Konyagi från Tanzania. Vi har lyckats växla privat här. I Malawi gick vi inte till bank en enda gång. I norr och i söder var det lätt att växla, dock ej i Livingstonia. Att det går lätt beror på gränshandeln, folk rör sej fritt över gränsen, köper och säljer. Hittills har både Malawi och Zambia fungerat ganska dåligt transportmässigt sett. Hoppas fortsättningen blir bättre.

Det är ganska många ljusa människor här, som liknar sydeuropéer. Hade det varit Moçambique hade jag gissat på portugiser.

Växlingskurs 1992
Valuta 100 ZMK (zambiska kwacha) = 2:50 SEK (svenska kronor)
Lathund: Man tar ett pris, stryker en nolla och delar med fyra, så får man svenska kronor.

Prisexempel 1992
En kaffe 120 ZMK
En öl 230 ZMK
En klase bananer 10 ZMK
En kokosnöt vet ej
Enklare lunch 400 ZMK
Dyrare middag 2000 ZMK
Minibuss inom tätort 50 ZMK
Taxi inom tätort 200 ZMK
Ett enkelt hotellrum 2000 ZMK

På Frälsningsarméns golv i Lusaka

Mannen kom naturligtvis inte nästa morgon, men vi gick själva till den lokala busstationen och ordnade skjuts till den interregionala. Där var alldeles tomt, och jag undrade om vi kommit rätt. Men så började det samlas folk, och biljettkontoret öppnade.

Prick sju gick bussen. Det var en snabbuss, lite dyrare, och det märktes på passagerarna, välvårdade och välsituerade. Bussen var snabb, bekväm och inte ens halvfylld. Nästan genast var det polis-kontroll. Första riktiga stoppet var i Katete, där de sålde bananer, jordnötter och mandariner. Nästa var i Petauke, en stor stad, och sedan en halv timme i Kachulola. De sålde vackra korgar nedåt gatan, och min bussgranne, en ung man, köpte en. Jag köpte några gula bär, men de var inte goda.

Bussen körde vidare. Buss, buss. Just nu verkar det som om allt jag kommer att se av Afrika är insidan av en buss. Min bussgranne berättade om odlingarna och att de bevattnas med hjälp av vindkraft. Ny poliskontroll, en man kom in med en svart håv som han slog mot bagagehyllorna för att fånga tsetseflugor. Men han fick ingen fångst. Naturen var bergig och inte speciellt vacker. Byar låg grupperade runt gråbruna stenblock. Även husen var gråbruna, liksom människornas klädsel. I påfallande många byar gick egendomliga personer omkring, ovårdade, märkligt klädda. Jag fick ingen förklaring till dem. Jag sov stora delar av vägen.

Fyra på eftermiddagen var vi framme i Lusaka, efter i praktiken två dygn på buss. Vi bokade genast bussbiljetter till Livingstone och Victoriafallen i morgon och tog taxi till Salvation Army. Här var det inte tal om rum eller sängar, ens om madrasser. Vi fick en plats på deras veranda, på stengolvet. Och det skulle bli en kall natt!

Lonely Planet hade skrämt upp oss ordentligt beträffande Zambia, och därför var vi spända när vi gick på stan. Vi tog en ny taxi, där föraren hjälpte oss att växla. Först tänkte vi leta upp någon annanstans att bo, stengolvet tilltalade oss inte. I närheten låg Huperts Young House för lärare, det kunde ju passa, men de hade fullt. Alla andra ställen var för dyra. Det blev mörkt, och vi vågade inte gå på gatorna längre.

På Ridgeway Hotel satt vi en stund i baren och peppade upp varandra inför natten. Klockan åtta serverades buffet. Det var olika sallader, biffstek, grytor med fågel, kött, grönsaker. Inget speciellt afrikanskt, till skillnad från till exempel Kampala. Till dessert fanns massor av tårtor, kakor och glass. Till maten drack vi ölet Mosi, som jag blev våldsamt snuvig av. Jag hade äntligen fått tillbaka aptiten och åt som besatt. Det var kallt, men personalen ställde ut hinkar med glödande kol omkring oss.

Sen var det ingen återvändo. Vi tog taxi hem och rullade ihop oss på golvet. Natten blev inte alls så dålig. Vi låg tätt tillsammans, det var inte kallt, och vi sov oväntat bra. Ingrid tältade på gräset.

Buss, buss
Nästa morgon tvättade jag håret under kranen på gården. En man i stationsvagn körde oss till busstationen mot en smärre avgift. Bussen till Livingstone skulle avgå 7.30, men den hade motorfel, och först en timme senare kom vi iväg. Bussen var proppfull, vi hade haft tur som fått plats. Så bar det av igen, samma bussresa, samma enformiga natur, buss. Vi började alla tröttna på att åka buss. Jag smygtog ett foto framåt

i bussen, som jag ska kalla Mitt Afrika. Bara säten med huvuden som stack upp.

Nu efteråt tänker jag att jag borde ha gjort mer av den här resan. Vi var i hjärtat av Afrika, och jag hade lokalbefolkningen runt omkring mej. Jag borde ha pratat mer, frågat mer. Men jag var sliten, allt var så segt.

Den första delen av vägen var mycket dålig, bulor, gropar. När bussen tankade sträckte vi på benen och solade, det var varmt och skönt. Vi lärde känna två hjälparbetare, en dansk Benny och en finska Riitta. De hade varit några månader i Zambia och skulle vidare till Namibia. I Zambia hade de arbetat med utbildning av gatubarn.

Jag sov lite och fick för mej att jag var i Sverige. Jag kände mej vilsen när jag vaknade. Men fyra på eftermiddagen var bussen framme i Livingstone, en småstad nära Victoriafallen, och allt var roligt igen. (Men varför har allting namn efter engelska upptäcktsresande eller drottningar etc.)

Språk i Zambia

Zambia har endast 10 miljoner invånare, men här talas ändå 41 språk. Det klart största är bemba med 3 miljoner talare, samt nyanja och tonga med 1,5 miljoner vardera. Samtliga stora språk är bantuspråk. Här finns en liten grupp som talar ett khoisanspråk, självklart, vi närmar oss södra Afrika.Khoisanspråk är kända för sina klickljud – som i Miriam Makebas sång *Pata pata*.

Av icke-afrikanska språk finns det indiska gujarati samt afrikaans, varav det senare talas av en liten grupp ättlingar till nederländare som kom till regionen på 1600-talet. Afrikaans har tagit upp rikliga element av de omgivande språken och anses av många som ett kreolspråk, liknande swahili. Afrikaans talas huvudsakligen i Sydafrika. Officiellt språk i Zambia är engelska, liksom i många andra före detta kolonier.

Även om det kan tyckas absurt med ett före detta kolonialspråk som officiellt språk finns det onekligen en fördel med att välja ett sånt. Att välja *ett* inhemskt språk kan tänkas få andra att känna sej missgynnade. Ett före detta kolonialspråk blir därmed så att säga mer neutralt.

Victoriafallen eller Mäktiga Musi o tunya

Vi sex personer fick rum på Röda Korsets gästhem, jag delade med Ingrid. Nu kunde vi äntligen koppla av. Solen låg så fint över gårdsplanen, men det var kyligt. Vi pysslade lite, jag tvättade en tröja. Men

68

vilan blev inte så lång, strax gav vi oss alla iväg med lokalbussen Reggae Bus till Victoriafallen.

Vi går några hundra meter efter en anlagd stig, och så ser vi dem: fallen! Zambesifloden vidgar sej och faller nedför stup. Det finns många smala fall, de första ligger i mjuk vänlig natur. Marken är full av blå lobelia, jag plockar en till bokmärke. Vi står i en regnskog, och mittemot ligger ett kargt landskap med bäckar och rännilar. De störtar nedför en svart avgrund. En klippa liknar till och med ett sorgset huvud, jag kallar synen "det plågade Afrika". Ännu längre fram följer ännu fler fall, som vi kanske kan se bättre från den zimbabwiska sidan.

Det hela är magiskt, en storslagen upplevelse. Jag kan tänka mej hur det måste vara att se fallen för första gången utan att känna till dem, som David Livingstone gjorde. Befolkningen som bodde här kände naturligtvis till dem. De har alltid kallat dem Musi o tunya, 'Röken som dånar', efter skummet som yr upp. Det är samtidigt något norskt fjälllandskap över det hela, det tyckte Tore också. Mörkret sänker sej, de svarta klipporna i fallen avtecknar sej mot solnedgången, mot den först rosa, sedan orange himlen. I morgon ska vi gå över till zimbabwiska sidan. Det kommer att bli den magnifika höjdpunkten på resan.

På Intercontinental Hotel hängde vi först i baren och drack Afrikoko, en fyllig kakao- och kokoslikör. I restaurangen serverades middag, "Vegetarian choice" med samosa, vårrullar och grönsaksgryta. Starkt och gott. Trots att det var kyligt satt vi utomhus. Men vilken skillnad mot igår, när jag kände mej osäker, frusen och hemlös. Hotellet är otroligt fint inrett med bambu, masker, zebraskinn. Men ett enkelrum kostar 125 USD, så det kan vi ju bara drömma om. I lobbyn beundrade vi den stilfulla väggfresken med safarimotiv – människor och djur – som täckte en hel vägg. Solen sjönk. Vi delade en taxi hem till Röda Korset. Vi var åtta med chauffören som klämde in oss i taxin, eftersom han hade sin storvuxna kompis med sej.

Nu 2005 får jag veta att hotellet har bytt namn till Musi o tunya Intercontinental. Alltid något.

Nästa morgon fick vi äntligen sova ut, till sju minst. Utan tvivel har detta varit den slitsammaste delen av resan. I damduschen hade den snälla vaktmästaren riggat upp trädgårdsslangen. Kallt men uppfriskande. Muros Restaurant blev ett bra frukostställe, en bar med bord med blommiga plastdukar. "Continental breakfast", det vill säga två skivor bröd och kaffe.

Vid middagstid tog vi åter bussen till fallen. Först växlade vi pengar med konsthantverksförsäljarna, sen gick vi samma runda som igår och fotograferade och satt och njöt av solen och utsikten. Det var minst lika underbart idag. Fuktig, ljuvlig regnskog, där det ständigt droppade från grenarna. Flodbäddarna var mycket breda, men det fanns inte speciellt mycket vatten, snarare rännilar mellan stenarna. Vi hoppade omkring på klipporna.

Då druttade Christian i. Han halkade på en sten och låg plötsligt i vattnet. Vi såg honom förtvivlat paddla hundsim, och han verkade rädd. Fallen var bara något femtiotal meter bort ... Tore och jag hade svårt att hålla oss för skratt, vi förstod nog inte hur allvarligt det var, eller vi blev så där hysteriskt fulla i skratt som man kan bli när man blir riktigt rädd. Christian klättrade upp och var rasande. Allt blev vått: pass, pengar, biljett, resecheckar som han haft i sitt midjebälte. Till råga på allt hade han placerat sin frimärkssamling där. Han la ut allting på klipporna och så småningom torkade det, fast han fick leva med ett buckligt pass i flera år framåt.

Vi gick ned till Boiling Pot, alltså nedanför bron, Victoria Falls Bridge. Det var en jobbig passage, genom djungel och över svarta stenblock. Till sist kunde vi sitta och sola. Plötsligt kom det vandrande ett 20-tal soldater ned till oss där vi satt. Vi kände oss lite utsatta, Lonely Planet varnar särskilt för poliser och militärer. Men de var idel solsken, unga värnpliktiga som hälsade artigt.

Vägen uppåt var ännu jobbigare. Jag lackade av svett när vi väl var uppe. För att ta adjö av Zambia satte vi oss i baren på Intercontinental Hotel och beställde var sin Afrikoko, Tore till och med två. Vi träffade Ingrid ännu en gång, hon skulle också över gränsen, men sen sågs vi inte mer.

Vi fick åka med en grupp turister i deras stora truck över Victoria Falls Bridge, den 152 meter långa och 128 meter höga bil-, tåg- och gångbro över Zambesifloden som förbinder Zambia och Zimbabwe och som man kan hoppa bungy jump ifrån. Trucken körde de genom Afrika, och det var roligt att prata om olika erfarenheter. Men jag skulle inte vilja resa som de. De har åtminstone transporterna ordnade, men de träffar bara varandra och har inte upplevt den i och för sej tvivelaktiga njutningen att vara strandsatta i Chipata. Inget sällskap med lokalbefolkningen. Okej, jag utnyttjade inte heller de fina tillfällena till kontakt i alla bussar. Men i alla fall.

Den zambiska gränsen gick utan problem, trots att jag gruvat mej eftersom jag slarvat bort utresedokumenten. Vid gränsen promenerade babianer. Det var kö i tullen, men till sist var vi inne i Zimbabwe. Det hade blivit sen eftermiddag.

Zimbabwe

Dans och konsthantverk

Staden vi kommit till heter Victoria Falls. Det börjar bli tjatigt med alla dessa Livingstone och Victoria. Kolonialromantik. En ung man med bagagekärra hjälpte oss med ryggsäckarna, och vi begav oss för att skaffa nattly. På campingplatsen var det fullt, liksom på Rainbow Hotel, som dessutom var alldeles för dyrt. På Sprayview Hotel skulle vi *eventuellt* få ett rum kl. 18.30. Under tiden tog vi en öl i baren och åt middag, kyckling i vitlök, och delade en flaska zimbabwiskt rödvin. Till sist fick vi vårt rum, en dubblett med extrasäng, fast i morgon måste vi byta.

Kvällen tillbringade vi genom att slappa i hotellets bar. Det är slitsamt att resa som vi gör, något nytt varje dag, osäkerhet. Sprayview Hotel är ett lyxhotell, även om det inte tillhör de allra dyraste. Zimbabwe *är* dyrare än de tidigare länderna. De flesta gästerna är vita, alla sitter i baren och är redan fulla.

Nästa dag fixardag. Först en överdådig frukost, sen byte av rum, sen en bank där jag växlade in resecheckar. Vi försökte ordna en billig safari för i morgon, men det var lättare sagt än gjort. Till sist blev det 80 USD för en enda dag, men vi har levt så sparsamt hittills, så det ska nog gå. Zimbabwe *är* dyrare etc.

Växlingskurs 1992
Valuta 1 ZWD (zimbabwedollar) = 1:20 SEK (svenska kronor)
Lathund: Man tar ett pris och ökar det *lite*, så får man svenska kronor.
Zimbabwedollarn är nästan exakt som den danska kronan.

Prisexempel 1992
En kaffe 1:50 ZWD
En öl 2:50 ZWD
En klase bananer 1:40 ZWD
En kokosnöt vet ej
Enklare lunch 12 ZWD
Dyrare middag 30 ZWD
Minibuss inom tätort 3 ZWD
Taxi inom tätort 8 ZWD
Ett enkelt hotellrum 20 ZWD

Och så köpte vi biljetter till kvällens dansföreställning. På Zimbabwe Air lyckades vi ordna flygbiljett Victoria Falls–Harare, samt, inte minst viktigt, biljett Harare–Nairobi. Det blev dyrt, eftersom vi planerat illa redan från början.

Lunchen åt vi på Wimpy! Ett helgerån, men det låg närmast till. Jag tog ostburgare samtidigt som jag satt och surade över att serveringen gick så långsamt och att jag satt på ett sånt ställe. Det var enbart vita turister där, och jag trivdes inte alls.

På eftermiddagen besöker vi äntligen Victoriafallen på den zimbabwiska sidan. Här är det mycket prydligt ordnat, med stenlagda gångar och naturtrogna staket av grenar och törnen, och vi får en underbar promenad i den ångande regnskogen runt fallen. Devil's Cataract liknar Stora Sjöfallet fast större och uppvisar dubbla regnbågar. Vi går genom regnskog och blir genomvåta av skummet från Main Falls. Det är nästan omöjligt att se genom skummet. De zimbabwiska fallen är mer vattenrika än de zambiska, oerhört imponerande. Vi går den långa solbelysta grässlänten och sitter länge vid Danger Point som vetter mot Zambia. Därifrån ser vi Boiling Pot, där vi satt igår.

Victoriafallen, Musi o tunya alltså, är 1700 meter som bredast och 70–110 meter högt. Skummet yr 500 meter upp i luften. Inte konstigt att det fått namnet Musi o tunya som alltså betyder 'Röken som dånar'. Enligt Lonely Planet är fallen "one of the most spectacular and memorable sights in the world", och det stämmer. Jag kan stanna där i timtal, blicken dras ständigt till vattenmassorna, dånet, skummet, ljuset.

Jag ser ut över den zambiska sidan, en enda man står där. Jag längtar lite tillbaka till det aningen luggslitna Zambia. Stilen i Victoria Falls, och i synnerhet på Sprayview Hotel, är för glassig.

Tillbaka i stan ordnade vi det sista med flygbiljetterna. Ett tag fick vi för oss att vi skulle åka tåg till Harare. Men det är alltför ovisst om vi hinner byta i Bulawayo, och om inte kan det betyda 1 ½ dygns tågresa, tack så mycket. Jag köpte en t-shirt med en fräck krokodil. Sen var jag på campingplatsen och frågade om säng, men allt är fullt. Får alltså fortsätta på lyxhotellet.

Victoria Falls Hotel är ett gammalt brittiskt hotell i kolonialstil. Personligt och vackert, och där tog vi eftermiddagste på en sagolik terrass. Babianer promenerade omkring och klättrade i träden. Grodor kväkte i hotelldammen.

Bakom posten ligger Falls Craft Village, en uppbyggd by som visar traditionella byggstilar för olika folkgrupper: shona, ndebele, tonga, venda och nyanga. Särskilt vacker är den cirkelformade hövdinghyddan i centrum, naturfärgad med stilistiska venda- och ndebelemönster i svart, rost och brunt på vit botten.

Kl. 18.30 började dansföreställningen. Det var en av södra Afrikas mest kända ensembler, skicklig. Båda dansarna och danserna var imponerande. Shangaandanserna är rytmiska och krigiska, här är det styrka och manlighet som gäller, de stiliga männen har svartvita dressar och sköldar. De graciösa kvinnorna har roströda klänningar. Danserna bärs upp av trummor och xylofon. Mest effektfulla är makishidanserna. De utförs ceremoniellt med jättelika masker, inte sällan symboliserande det onda och det goda. Styltdansen utföres med hiskliga masker och på styltor. Fjärilsdansen imiterar en fjäril med fladdrande rörelser.

En fadäs var när en av de stolta shangaandansarna drattade på ändan i leran och förlorade lite av sin värdighet. Han log generat.

Efter den färgrika 1 ½ timme långa föreställningen gick vi tillbaka genom den kyliga kvällen. Vi fick byta rum *igen*. Personalen är hygglig och försöker verkligen hjälpa oss. I restaurangen tog Christian och Tore krokodilsvans med mangold och svampsås, och jag tog friterad krokodil. Det smakade utsökt, som fast vitt fiskkött. Zimbabwiskt vitt vin. Bredvid oss satt ett sällskap vita sydafrikaner som uppförde sej illa.

Språk i Zimbabwe
Zimbabwe med sina 13 miljoner invånare har 20 språk, varav engelska tjänar som det officiella. Till skillnad från de tidigare nämnda länderna lever här fortfarande påfallande många invånare med engelska som modersmål, ungefär 300 000, de flesta kvarvarande från Rhodesiatiden.

Det största språket är tveklöst shona med sina 11 miljoner talare. Ytterligare tre, ndebele, manyika och ndau, har cirka 1–1,5 miljon vardera. Nästan samtliga språk i Zimbabwe är bantuspråk. Ett khoisanspråk finns, hietshware, med 3500 talare.

Hwange nationalpark
Dagen började inte bra. Vi steg upp halv sex för att åka på safari. Frukostkorgen som vi blivit lovade var inte färdig, så vi fick gå ned och tjata i köket. När sedan safarisällskapet UTC dök upp blev det bråk om kvitteringen. Så kom vi äntligen iväg, som plåster fick vi en vacker soluppgång.

Efter en knapp timmes körning svängde vi av stora vägen. Några antiloper och kudu rörde sej helt nära bilen men det var också allt vi såg. Ytterligare en timme senare var vi framme vid Robins Camp. Robin var en privat markägare, död 1928, som i det längsta satte sej emot en nationalpark, eftersom han tjänade pengar på export av vilda djur. Just nu måste de ha exporterat alla, för vi såg nästan inga djur alls, och vädret började bli mulet och kyligt. Vi surade och misströstade. Torkan var svår, hotfull och skrämmande. Människor och djur led. Löven var förtorkade, bruna och livlösa. Naturen liknade en skånsk bokskog på hösten.

Sen blev det underhållning. En jättestor fläckig hyena smög genom gräset, elefanter rörde sej makligt, både på håll och helt nära. Giraffer, zebror, vårtsvin fanns överallt och så förstås babianer, och fler impala, kudu och waterbuck. Vid Deteema Dam låg krokodiler och flämtade med käftarna vidöppna. De jättelika baobabträden med sina grå-glänsande stammar, såna som andarna bor i, vakade över alltihop.

Lunchen serverades på Sinamatella Camp. Vi satt på en elegant terrass och njöt av den milsvida utsikten över nationalparken. Men i gräset vid en pumpstation låg de kvarlämnade blodiga resterna av en buffel. En man som arbetade där hade sett lejonen ta den några timmar tidigare.

Vi besöker ett vattenhål. Det vilar en sällsam frid där. En impala-hjord kommer ned för att dricka. Vi kunde nog sitta där länge och invänta fler djur. Men vi kör vidare och kommer till ett nytt vattenhål. Där är magiskt. Tre elefanter står och vattnar sej i kvällssolen. Långsamt fyller de vatten i snablarna och sprutar över ryggen. Naturen är gyllengul, leran är gyllengul, elefanterna är grå. Några andra turister sitter också tysta och betraktar dem. Just när vi lämnat nationalparken och det börjar bli mörkt ser vi en lejoninna helt nära vägen, nästan kamouflerad i det gula gräset. Så blev det en hel del vilt i alla fall, en lyckad tur.

Från Main Camp är det tio mil till Victoria Falls. Chauffören kör och kör genom den mörka kvällen. Men det är en fin asfaltväg, och halv åtta är vi hemma på hotellet. I restaurangen tog jag ostbricka och delade en flaska Mukuyu Nouveau med Christian, husets dyraste rödvin för 30 dollar (alltså 36 kronor). Sedan tog vi Afrikoko i baren. Jag blev ruskigt snuvig, nös och fick huvudvärk, jag tar fortfarande min medicin, kanske är det därför. Full blev jag av en liten mängd och kunde knappt ta mej till rummet. Där lyckades jag i alla fall tvätta några kläder innan jag stöp som en klubbad oxe.

Solnedgång över Zambesi
Lite småfebrig. Tore läste högt om tyfoid ur guideboken för att muntra upp mej. Inte heller nu var det säkert om vi skulle få rum för natten. I hotellets butik köpte jag en t-shirt, olivgrön med gula figurer som liknar

grottmålningar. Den har jag fortfarande. Nu hyrde vi cyklar för en dag. Jag fick en skranglig damcykel med korg. Ovant att köra vänstertrafik. Först cyklade vi till en resebyrå och beställde en båttur, "Sundowner Cruise", till eftermiddagen. Sen skildes vi för att syssla var och en med sitt.

Jag köpte frimärken och frågade var man kunde ringa till Sverige. Det verkar som om det går från vilken automat som helst, bara man har mynt. De rekommenderade mej att växla på casinot på Hotel Makasa. Det skulle krävas en massa mynt förstod jag, och jag fick en försvarlig hög, tungt. Jag ringde från en automat utanför posten, men ingen svarade. Nu hade jag i varje fall växelmynt.

Jag ville se Falls Craft Village på dagtid, och nu tog jag mej tid att se alla husen och deras funktioner, verktyg och redskap. Kvinnor och män satt och demonstrerade korgflätning, snideri och annat. Två örtläkare erbjöd sej att spå mej, men nej, vågar inte, bäst att inget veta. Vi pratade lite om annat, bland annat om deras språk, shona. De gick traditionellt klädda, och jag ville gärna fotografera dem, men i så fall ville de ha betalt. Mja, såå angeläget var det inte.

Bakom byn fanns en verkstad där hantverkare tillverkade träskulpturer, med borrmaskin och andra verktyg, tvättade och polerade. Mest flodhästar men också fantastiska träskulpturer, naturtrogna och dramatiska, ja trä- och stensnideri är något alldeles speciellt för Zimbabwe. I den intilliggande Curio Shop, en affär med konsthantverk, förlorade jag mej helt. Först hittade jag en stor elefant åt min mamma. Den var hiskligt tung, och jag tog tacksamt emot butikens erbjudande att skicka hem den. Det blev dyrare än elefanten själv, men okej.

Nu när min mamma inte finns längre, står min zimbabwiska elefant på golvet i min lägenhet, vid sidan av en indisk elefant i rosenträ som jag köpte i Madras.

Jag köpte en "elfenbensnöt", som liknar en mycket liten kokosnöt med en hård, vit kärna. Den kan snidas till olika prylar; fördelen är att den är vegetarisk och inte tillhör någon djurart, inte hotad växtart heller för den delen. Sen upptäckte jag den, en jättesnygg dress i traditionellt zimbabwiskt mönster med kraftfulla jordfärger. Den lixom bara hängde och väntade på mej. Sen fick det vara sluthandlat. Jag fick sakerna i en liten kokett kasse, som jag hängde på cykeln. Kassen har jag fortfarande kvar, det står Falls Craft Village på den, med en karta över Afrika.

Jag var så glad för min cykel. Bort med turiststämpeln. Fast de bofasta vita har nog bil. Jag cyklade nästan bort till fallen men svängde till Zambesi Drive, där jag kunde köra helt nära floden. Intill vägen stod The Big Tree, ett gammalt imponerande baobabträd. Tore dök upp från ingenstans, vi gjorde sällskap ned till floden. Där ställde vi cyklarna och gick längs en stig. Det fanns en skylt som varnade för vilda djur och påminde att man gick på egen risk. Överallt låg det elefantspillning. Nog kändes det lite kusligt. Från skogen vek vi av in i den verkliga djungeln till en glänta vid flodstranden. Där träffade vi en man och en kvinna som fiskade, det kändes lite tryggare. På stranden satt vi och skrev resedagbok och pratade. Från andra sidan hörde vi flodhästar grymta. Glada cyklade vi hem.

Halv fem kommer de till hotellet och hämtar oss till flodbåten för "Sundowner Cruise". Det är en stor modern båt, vi har fina platser. Båten lägger ut över Zambesifloden. Vi får öl, läsk och tilltugg och beställer var sin alkoholfri tropisk cocktail. Båten styr västerut, med Zimbabwe babords och Zambia styrbords. Grönska och palmer prunkar på båda sidor. När vi kört i tre kvart sådär börjar solen sjunka. Himlen är fortfarande blå; ljusblå, mörkblå, men en orange rand avtecknar sej i horisonten. Prick sex går solen ned, och båten stannar. Himlen är alldeles alldeles molnfri och brinner. Sedan färgas hela himlen gul, ljus-orange, mörkorange, högröd, mörkröd, svart. Skogens siluett är svart. Floden är av svart guld. Pop.

Det hela är över på 15 minuter, bland mitt livs vackraste 15 minuter. Det är fullkomligt bedövande. Båten ligger länge med ena sidan mot solnedgången, och passagerarna är andäktiga. Det enda störande är ett gäng berusade engelskspråkiga ungdomar. Förundrade tittar vi på dem. De sitter i mitten av båten, skränar och dricker öl. De märker inte ett *dugg* av solnedgången. Asså hallå, hur kan man för det första bara undgå en sån syn, och för det andra betala dyrt för att sitta och dricka öl på en båt när man kan göra det i land.

På vägen tillbaka börjar vi försiktigt tala med varandra, ännu rädda att bryta förtrollningen. En engelsk kvinna är alldeles tagen. Någon berättar att en bekant gjort samma kryssning igår, och då var det mulet. Vi har haft kempeflax som det heter på norska.

På kvällen skulle vi äta middag på Victoria Falls Hotel. Redan i dörren till restaurang Livingstone Room blev vi portade: Christian hade sandaler. Tores joggingskor gick däremot bra, liksom mina svarta

Kinaskor. Sandalerna och vi med dem blev i stället hänvisade till barbeque på terrassen. Det var fast meny, dyrt, men vi hade just inget val. De hade i alla fall fina sallader och grillkött och bakad potatis på beställning. Efterrättsbordet kunde jag inte motstå: fruktsallad och gelé och krämtårta. Samtidigt satt jag och vantrivdes i denna miljö med 99 % vita gäster och svansig personal. Med sprickfärdig mage, lite fylld av självförakt.

Det blev rätt kyligt på terrassen, och vid niotiden gick vi hemåt. Jo, nu hade vi fått ett rum, hur självklart som helst. Skönt! Det är ofta så, allt ordnar sej. Jag tillbringade kvällen med att packa om för att få en väska att ställa ifrån mej på flygplatsen i Harare. Tore skrev, och Christian satt i baren. Friden sänkte sej.

Flyg och buss till Masvingo
I flygbussen på vägen ut till flygplatsen grät jag. Naturen var så sorglig, och jag grät över att resan och sommaren snart var slut. I säkerhetskontrollen blev Tore stoppad på grund av den osannolika samling knivar och spjut han samlat på sej. Piloten tog hand om dem under resan, säkrast så. Och jag blev stoppad för mitt ormarmband.

Den 1 ½ timme långa flygresan till Harare hade mellanlandning i Hwange, där en flock gnuer sprang över landningsbanan. I Harare var vädret mulet. Vi lyckades få ställa in bagaget på Air Zimbabwes terminal. Hemskt skönt! Sen tillbringade vi en halvtimme i centrum med att leta efter diafilm. Det var ett fint centrum, hypermodernt med gågator, lite själlöst. Priserna var nästan som i Sverige, alltså fruktansvärt dyrt för zimbabwierna. Det fanns många affärer som hade söndagsöppet. Ändå var det tyst och stilla.

Vi tog en taxi till den yttre busstationen för att ta oss till Great Zimbabwe Ruins. Nu var vi plötsligt tillbaka i folkvimlet igen. Massor med svarta zimbabwier, oväsen, bussar, musik. Jag trivdes som fisken i vattnet igen, efter den snofsiga atmosfären i Victoria Falls. Redan kl. 13 gick det en buss till Masvingo, tätorten intill Great Zimbabwe Ruins. Överfull buss med skrällande musik i 4 ½ timme. Folk var lite reserverade mot oss, det är nämligen otänkbart att vita bofasta åker lokalbuss, enligt guideboken. Men hur gör vita turister?

Väl framme fick vi rum på Mundondo Hotel, helt i min smak och det billigaste i stan. Det låg dessutom intill busstationen varifrån vi ska ta bussen till ruinerna i morgon bitti. Middag åt vi på stans enda lyxhotell, Chevron. Där fanns några vita turister, annars var de flesta gästerna svarta. Masvingo är verkligen motsatsen till Victoria Falls, inte alls kommersialiserat. Det var hemskt kallt på natten. Vi är en bra bit söder om ekvatorn, det är juli och därmed midvinter. Jag sov i alla kläder jag hade och försökte stoppa både filt och överkast om mej, liksom rummets *gardiner*; ändå frös jag.

Great Zimbabwe Ruins: vittnen från det förgångna

På morgonen fick vi frukost i baren, bastant engelsk frukost med bönor, bacon och ägg. Vad som slog mej var att den svarta serverings-personalen var påfallande ovänlig, inte fientlig precis men småsur. Det var nu inte så farligt, men efter allt det underbara bemötande vi fått förut under hela resan kändes det lite snopet.

När vi stressat och blivit lite osams visade det sej att bussen till ruinerna inte alls gick kl. 7 utan 8.10, det blev alldeles för sent, så vi delade en taxi och var framme halv nio.

Överallt vid entrén sprang förargliga markattor. Det första målet var en kulle, Hilltop. Den nådde vi med en underbar promenad mellan murar byggda på stenblock och täckta med nya stenblock, trappor och slingrande gångar.

Great Zimbabwe Ruins är en imponerande ruinstad från 1400-talet, men närmare historiska detaljer är okända. Zimbabwe betyder 'Staplad sten', och det är detta ruinkomplex som gett namn åt den nya staten Zimbabwe. Det finns åtskilliga ruiner och utgrävningar i landet, men Great Zimbabwe Ruins är otvetydigt den största och mest imponerande. Den är uppförd på UNESCO:s lista över världsarv.

Ruinerna härrör sej från 1100–1400-talen och tros ha utgjort befäst-ning och stad för shonas kungadynastier. Under sin glansperiod ut-gjorde staden ett politiskt, socialt och ekonomiskt maktcentrum för en stor del av sydöstra Afrika och kan ha haft upp emot 40 000 invånare. Man vet inte varför staden placerades just här, jorden är extremt mager och ofruktsam. Den kan ha utgjort ett religiöst centrum, vilket analyser av folkliga legender pekar på. Eller ett ekonomiskt; invånarna handlade med guld och elfenben, och vid utgrävningarna har man funnit både persiska och kinesiska föremål.

Varför staden kollapsade är inte känt, men ekologiska faktorer kan ha spelat roll; möjligen överexploaterades naturresurserna. När portu-gisiska handelsmän kom dit år 1531 återstod bara ruiner. Great Zimbabwe Ruins har sen dess varit föremål för intensiv spekulation och mytbildning. Verket ansågs så avancerat att man med den tidens människosyn menade att det omöjligen kunde ha skapats av afrikaner, och det spekulerade vilt i teorier om egyptier, fenicier med flera. Nu har senare tiders antropologisk och arkeologisk forskning fastslagit att det var folkgruppen shona som byggde Great Zimbabwe Ruins. Men dess historia är fortfarande höljd i gåtor.

Det var mulet och kyligt, så den totala skönhetsupplevelsen av sol på mur blev det inte. Vi satt en stund och njöt av stillheten. Från kullen hade vi en fantastisk utsikt över hela trakten med de andra utgrävningarna och en by. Från byn hördes musik med trummor.

Den bäst bevarade och delvis rekonstruerade inhägnaden är The Great Enclosure med sina åtta–nio meter höga murar. Särskilt intressant är det tio meter höga koniska tornet, vars funktion inte är känd, och en plattform som tros ha haft rituell betydelse. Vädret var mycket underligt och lite mystiskt. Himlen var uppdelad exakt i en klar och en mulen del. Gränsen gick precis på mitten av himlen, och den flyttade sej inte. Det var 17–18 grader varmt. Landskapet var enormt och vidsträckt, och den huvudsakliga växtligheten bestod av agave och förtorkade kaktusar som stack upp som rakborstar bland de raserade ruinstenarna. Där rådde en overklig atmosfär.

Återigen hör vi musik från den närbelägna byn, och vi går dit. Det är en underlig by. Den består av en inhägnad av trä och ett 25-tal hus i lera, några målade. Byn verkar livlös så när som på två lekande pojkar. Musiken kommer från ett hus. Vi stiger in och där sitter en man och en kvinna i traditionella shonakostymer med gepardskinn och fjädrar. Mannen spelar mbira, ett traditionellt instrument av kalebass utformat som en stor skål med tenar som liknar tillplattad hästskosöm. Kvinnan sjunger, en stilla, vemodig, fridfull sång. Mannen talar engelska och berättar. De är verksamma inom traditionell medicin med certifikat som nganga – örtläkare, homeopater. De och deras lekande söner är ensamma i hela byn, ingen annan bor där.

Var är alla människor? Har de flyttat till stan? Är de bortsopade i aids? Vi pratar lite men har för lite gemensamma språkkunskaper. Engelska räcker för artigt småprat, men vi lyckas inte gå på djupet. Vi får heller aldrig klart för oss om byn är uppbyggd som ett museum eller om det är en naturlig by.

Vid middagstid ansåg vi oss färdiga. Någon tur i nationalparken fanns inte tid till, i stället åt vi en lätt lunch på Great Zimbabwe Hotels uteservering. Utanför spatserade praktfulla påfåglar. En hanne spände upp stjärtfjädrarna i fullt spel och darrade av upphetsning, så ståtlig. Tore och jag köpte var sin Zimbabwefågel i grön sten, landets nationalsymbol, som återfinns på flaggan och på flygbolagets, Air Zimbabwe, logo. Nere vid stora vägen kollade vi busstiderna till Masvingo. Nästa skulle gå om 1 ½ timme! Det betydde att vi skulle missa bussen till Harare! Lifta alltså. Flera bilar med svarta förare passerade, men ingen plockade upp oss. Vi var ordentligt sura, strandsatta mitt ute på den zimbabwiska vischan.

Till sist, efter tre kvart, fick vi lift med en vit zimbabwier med flakvagn till strax utanför Masvingo tillsammans med två nederländska ungdomar och därifrån med ytterligare en vit ända in till Masvingo. Fem minuter innan Hararebussen skulle gå rusade vi in på Masvingos busstation. Svart förare, lingalamusik efter en dag bland stillsamma ruiner, nästan outhärdligt högt. Jag älskar verkligen detta lingalaös, men volymen kan skrämma hästar. Tur att det finns öronproppar! Efter en stund kom ett slags önskeprogram, ungefär som "Ring så spelar vi" fast för barn och ungdom.

Resan tog sina fyra timmar, jag sov lite. När vi äntligen kom fram till Harare på kvällen var vi de sista passagerarna. Det var redan mörkt ute. Den snälla busschauffören och hans konduktör körde oss extra ända fram till en taxistation, för att det var "bad people" ute. Med taxin hämtade vi vårt bagage på Air Zimbabwes kontor och blev åter ompysslade av faderliga vakter. Sen åkte vi till Harare Youth Hostel, där vi fick tre platser. Klockan hade blivit åtta.

Zimbabwe är mer effektivt men mer opersonligt än de andra länderna vi varit i, och de svarta är inte fullt så hjärtliga. Spänningen mellan folkslagen är märkbar. Förståeligt. Men jag pratade med några vettiga sydafrikaner som hade rest till Zimbabwe på semester för att det var så *avspänt* mellan de två färgerna. Hur är det då i Sydafrika undrar man. Detta var just i turbulensen efter apartheidpolitikens avskaffande. 1994 skulle Nelson Mandela bli Sydafrikas president, och förhoppningsvis kommer de svarta sydafrikanerna att sitta som herrar i sitt eget land. Så är det i Zimbabwe, men trots formellt självstyre har fortfarande de vita den ekonomiska makten. Under 1990-talet skärptes motsättningarna till regelrätta upplopp där vita markägare blev fråntagna sin mark, till och med de som lagligt köpt den av svarta. Sorgligt, men de sista resterna av kolonialismen måste få en ände. Det är inte lätt att sitta mitt i historien.

Harare Youth Hostel liknade på pricken ett gulligt engelskt korsvirkeshus, med ett medelålders vitt par som innehavare. Frun var trevlig, men mannen skulle bli alltmer kolerisk. Han började i princip med att skälla ut oss. Sen tyckte han vi skulle rapportera till Lonely Planet att stället inte var så uselt som det stod i boken. Till exempel hade de nya madrasser. Tyvärr ingen ny innehavare.

Där fanns en manlig och en kvinnlig sovsal, kök, uppehållsrum. Vi fick genast tips om en närbelägen pizzeria, Da Guidos Trattoria. Pizza i Zimbabwe. Jodå jag tog Fettuccine med tomatsås, sedan cappuccino. Skönt att äntligen vara helt frisk. Vi delade en flaska rödvin, Nyala Petit Cabernet. På kvällen var vi hemma och satt i uppehållsrummet en stund tills innehavaren körde oss i säng.

Museum och bokmässa i Harare

Vi sov ut, steg makligt upp och lagade te. Klarblå himmel! Från receptionen ringde vi och bekräftade våra flygbiljetter. Alla tre gjorde sällskap till centrum, Christian och Tore åt frukost på Sheraton, och jag gick på Nationalmuseum och Nationalgalleriet. I de fina arkeologiska, etnografiska och naturhistoriska samlingarna visade de en shonaby med papier maché-modeller av människor i traditionella kläder liksom av en nganga, örtläkare alltså. Husen såg likadana ut som i Great Zimbabwe Ruins, och det gjorde örtläkaren också. Museet visade klippmålningar, 12 000 år gamla. På Nationalgalleriet fanns det mest moderna tavlor men också en sagolik samling moderna stenskulpturer, mycket uttrycksfulla och stilrena.

I parken intill pågick det en internationell bokmässa med "Environment 2000" som tema. De hade publikationer från många afrikanska länder, både böcker, tidskrifter och dagstidningar, många med miljöinriktning. I ett stånd presenterade de en kampanj emot kvinnomisshandel. Zimbabwes tv var där och filmade, och journalister flockades kring en man. Nästa dag fick vi läsa i tidningen att det var en författare, Charles Mungoshi, som fått ett prestigefyllt pris.

I ett stånd sålde de souvenirer av elfenben, och jag reagerade på det. Internationell handel med elfenben är totalförbjudet. Kvinnan påstod att elefanterna i Zimbabwe och Botswana breder ut sej så att avskjutning måste ske. Kanske. I alla fall köpte jag några klisterlappar för att stödja miljö- och kvinnokampanjerna. Jag träffade Christian, och vi satt en stund i serveringen, där jag tog en äckligt illröd varmkorv och en mugg illgrön läsk. Miljö?

I Harare köpte jag en mbira, musikinstrumentet som ngangan hade använt i Great Zimbabwe Ruins och som jag tycker så mycket om. En flaska Afrikoko och så sockerrörsbrännvin hamnade också i shoppingkorgen. På varuhuset OK, som var helt i stil med Marks & Spencer eller något liknande, köpte jag några skrivblock, jag gillar att köpa mina dagböcker i olika länder.

Det var säkert två kilometer hem i eftermiddagssolen. Vandrarhemmet hade inte öppnat, så jag satt en stund utanför och vilade fötterna. På kvällen gick vi ned till Sheraton Hotel för att äta avskedsmiddag, spenatravioli och vitt vin, Emerald Steen. Vi småpratade som vanligt, det kändes inte som om vi skulle skiljas.

När vi kom tillbaka till Harare Youth Hostel fick vi en ny utskällning av innehavaren. En ung bulgarisk kvinna hade visat sej i sovsalen, kanske bodde hon där. Nu kritiserades vi för att vi accepterat främmande människor i rummet. Vi försökte säga att vi varit ute hela dagen och just inte visste vilka som checkat in under dagen eller inte, men det halp föga. Vi borde hålla koll på främmande etc. Vi blev körda i säng prick 22.

Cirkeln sluter sej

Jag vaknade och kände mej både ledsen och glad. Ledsen att resan var slut, glad att få komma hem och träffa mina vänner. Efter morgontoaletten åt vi gemensam frukost på den förbrända gräsmattan. Det råder svår torka sen länge, och den scenen kallade vi "frukost i det gula". Torkan har förstört allt gräs. Jag bjöd på bröd och bananer och Tore på mjölk och flingor. Ny utskällning angående vattenförbrukning. Jag gick till Montagu köpcenter – ungefär som Klostergårdens centrum i Lund. Expediten var grek, det bor många greker här i Harare. Under ett brödfruktträd låg det fröskidor på marken, jag tog en, den pryder nu min fönsterbräda.

Klockan tio var det dags att checka ut och bege sej till centrum. Vi åkte till Air Zimbabwes kontor, ställde in bagaget och tog en sista tur på stan. Jag satt lite i African Unity Square med en vacker fontän, suckade och gick tillbaka.

Resan började närma sej sitt slut. Vid elva tog Tore och jag farväl av Christian som skulle resa med Lufthansa först på eftermiddagen men i gengäld komma direkt till Kastrup före oss. Det kändes konstigt att lämna honom. Vårt flyg lyfte 13.10, som vanligt upplevde jag resan känslomässigt starkt. Vi flög med Kenya Airways. Så snart vi gått ombord var vi tillbaka i Östafrika igen med hälsningar på swahili. Vi ser några höga berg under oss. Molntappar, brungrå ofruktsam jord. En strandremsa, är det Victoriasjön? Så ser vi henne till höger, en magnifik skönhet. En medpassagerare bekräftar, det är Kilimanjaro. Fulla av aktning firar vi med ett glas vitt vin.

Vi ställde fram klockan en timme, och kl. 17 östafrikansk tid landade vi i kära gamla Nairobi. Det kändes som en evighet efter allt vi upplevt. Tull och växling. Samma flygbuss som sist skumpade från flygplatsen. Så välbekant det kändes! Vi körde direkt till Nairobi Youth Hostel. Där blev vi varmt välkomnade av den kenyanska personalen som kände igen oss. De gamla sovsalarna var rivna, man hade grävt ett stort hål i marken och inringat det med korrugerad plåt. Vi fick de absolut sista platserna som man ordnat i uppehållsrummen. Jag fick sova på en madrass *under* ett bord. Men vad gjorde det? Vi var så glada att vara tillbaka och ha tak över huvudet. Cirkeln var sluten. En stund satt vi i köket och betraktade tre US-amerikaner som svor och rapade, australier som lagade *otroliga* mackor (typ en långfranska på längden) samt tyskar som blockerade gången med de stolar som fanns. På kvällen åt vi middag på Trattoria. Vi satt länge och pratade om resan som varit. Så tog vi matatu hem och la oss, var och en i sin sovsal.

Shoppa shoppa i Nairobi

Jag sov halvbra under mitt bord. Sovsäcken är förfärligt varm, en flik räcker. Vi tittade på det nya vandrarhemsbygget. Jag ville fotografera byggandet. Byggjobbarna tyckte det var roligt och ställde upp sådär en 30 stycken på ett gruppfoto. Åter ett trevligt minne. Jag lovade skicka dem en kopia, adresserad till förmannen. Tore och jag gjorde sällskap till stan, där vi åt en överdådig frukost på Hilton: passionsfruktsjuice, fruktsallad, müsli, tre koppar kaffe fast Tore drack te. Så bekräftade vi våra flygbiljetter, växlade pengar, gick åt var sitt håll.

Jag gick lös i souvenirbutikerna. African Heritage först, sedan runt Koinange Street–Moktar Daddah Street–Muindi Mbingu Street. En papperskniv med impalaantiloper och en liten rund bananbladstavla och en turkansk snusdosa av pelikanben till. I Zebra Craft köper jag en malakitbrosch och ett malakithänge och ett malakitaskfat. I Hitesh Shah & Co köper jag fyra batiktavlor och en bananbladstavla med giraffer. De två sistnämnda affärsinnehavarna är gujarater och tydligen vänner, eftersom de tipsar om varandra. En av dem kan lite svenska. Jag råkar i slang med en av deras expediter, kenyan. Han tjänar 30 USD/mån, det räcker inte. Det är hög arbetslöshet i Kenya.

Det finns ingenting så vackert som bananfibrer. Förekommande i alla färger från gulvitt, blekgult, alla nyanser av brunt till nästan svart och sidenglänsande är det sinnligheten personifierad, och det kan användas till att framställa underbara föremål: tavlor, askar, bordstabletter. Det låter kanske fånigt och smaklöst, men så är det. Den som sett bananfibrer vet.

Nu halv två sitter jag och vilar fötterna i loungen på Norfolk Hotel. Trendigt ställe, kenyanska affärsmän. Pengarna börjar ta slut! Efter denna paus går jag lite på Moi Avenue bara för att titta och ta farväl. Här är souvenirbutikerna svindyra. Jag går för tredje gången till Zebra Craft och köper en malakitelefant och pratar lite med innehavaren, en indier vars förfäder invandrat på 1700-talet. I en park dansade och sjöng en grupp ungdomar och i ett gathörn pågick det en politisk demonstration. Nairobi lever!

På kvällen drack Tore och jag kaffe på ett elegant café. Bordet bestod av en glasskiva med kaffebönor, och inredningen i övrigt gick i den brunvita skalan. Vår sista kväll blev det Fettuccine med svamp och Tusker Export på Trattoria. En vemodig middag. Jag fick en fin avskedspresent av Tore, ett malakitarmband. Tyvärr var det i största laget, jag får passa mej att inte tappa det, men jag blev glad för det.

Efter middagen tog vi matatu hem för sista gången. Vi donade med det sista och pratade med en svensk som varit på Madagaskar.

Hemresa

Flygbussen kom inte, så nattvakten ringde efter taxi. Det blev kludd med den också. Under tiden pratade jag med nattvakten och en byggvakt och en samburu i traditionell röd kikoy. Taxin kom, och vi körde halsbrytande express till Nairobi International Airport. Stress in (Paris) och stress ut. Kl. 23.30 lyfte planet, Air France, vi var redan i Europa. Vi fick strax en middag med rostbiff, rödvin. Jag sov rätt gott.

Det skulle bli en bökig hemresa. Fem på morgonen centraleuropeisk tid fick vi frukost, mastig för att vara fransk, sagolik yoghurt. Mellanlandning i Lyon en timme, gråmulet, disigt 23°. Nytt plan till Paris, soldis, 20° (i Paris i augusti!). Och detta efter ett råkulet Afrika! Var är värmen detta år?

Kl. 10.30 lyfte planet mot London, alltjämt Air France. Det tog en timme, från luften skymtade Normandie. I London var det också soldis och 20°. Nu såg vi fram emot en härlig dag i London, och sen var det bara en liten snutts resa kvar. Tore skulle resa från Gatwick och jag från Heathrow, så för säkerhets skull tog vi avsked med en kram. Kanske skulle vi ses på stan.

Men! När jag skulle bekräfta min biljett fick jag veta att det var flygstrejk i Köpenhamn. Genast måste jag ställa mej i kö för ombokning av mitt flyg. Bättre sätt att tillbringa min dag i London kunde jag tänka mej. SAS bjöd på juice och sprang och hjälpte. Till sist ordnade de en plats hos Varig, det brasilianska flygbolaget. Försening, kaos.

Vid 15 lyfte vi i alla fall. Nu var jag i Brasilien. Vilken tur jag hade som fick höra lite portugisiska! Vi fick en fin middag, Vinho Branco förstås. Silverimiterade bestick, riktiga glas och vit linneservett. Danmark i klart väder, så olikt Östafrikas brända jord. Efter bara en dryg timme var vi framme i Köpenhamn. Där hade jag besvär med bagaget, eftersom jag måste hämta ut det och checka in det igen till Malmö. På Svävaren tog jag en rejäl whisky. Men resan tog bara 20 min, så jag fick stjälpa i mej den och blev lummig. Vinglade i land och blev mött.

DEL II: ÖSTAFRIKA 2004 Ann Lindvall Arika

Återseende med Kenya

Från Oslo till Nairobi

På väg till Afrika, efter tolv år. Vad är sej likt och vad har förändrats? Ny resa med Tore, som förut, och med Odd-Erik. Odd-Eriks namn väcker förtjusning, odd betyder udda, knäpp, fast det är han ju inte. Han är en behaglig och fredlig person. Vi startar i Oslo i juni. Vi vet inte riktigt vart vi ska, men vi börjar med Kenya.

Vi hade stigit upp fem, delat en taxi till Gardemoens flygplats. Vi kom tidigt till London, kul nu kunde vi shoppa. Men fick inte landa utan måste cirkla retfullt ovanför i 40 min betraktande Themsen. Vi fick bara tio minuter på Heathrow, det var massor av kontroller och långa gångar, men lite whisky hann vi köpa.

Nairobiplanet lyfte vid 11. Flygturen bjöd på strålande utsikt över Frankrike, och under oss avtecknade sej Paris, Triumfbågen och allt. Sen hände allt på en gång: vi fick en drink, sen lunch, och så visade de alla filmer på en gång. Jag såg *The House of Sand and Fog*, om en iransk officer under shahen som levde som flykting i USA, seriös och rätt bra. Sen hände ingenting. Från fönsterplats såg jag när vi flög in över Afrika, en bukt vid Benghazi. Sen var det bara sand sand. På marken fanns några runda formationer, dammar? Vi flög över Cufra och Tibesti-bergen och vidare över öknen i timtal. Marken var förvånansvärt monoton, bara gul slät sand. Jag kunde se molnen bilda skuggor och några klippor, annars ingenting.

Först hade jag haft en fördom att öken bara består av gul sand. Sen en fördom att öken inte består av gul sand. Vad var det Mark Twain sa? Kl. 20.45 landade vi i på Kenyatta Airport, Nairobi. Där måste vi ha visum, nytt påfund och dyrt, 50 USD. Vi blev mötta av Albert från Nairobi Youth Hostel där jag bokat plats. Redan 1992 när Tore och jag var där sist höll de på att bygga nytt. Nu var allt omgjort, allt det gamla var rivet utom en enda trappa. Vi gick förundrade och sökande omkring och kände inte alls igen oss, poserade framför den gamla trappan, nmedan Odd-Erik fotograferade oss, satt i köket en stund, lite vilsna.

Det var mörkt sedan länge och kyligt. Det vet vi ju att tropisk värme inte är Kenyas starka sida. I den helt nya sovsalen bodde några västerländska tjejer och några kenyanska. Jag kröp till kojs och sov rätt gott, min första natt.

Masai Mara i dagarna fem

I köket nästa morgon träffade jag gutterne, och vi åt frukost i den spartanska matsalen. Albert tog oss till Savuka resebyrå i centrum. Det var spännande att vara i Nairobi igen, men jag kände mej osäker, det är en helvetisk storstad. Kriminaliteten lär ha ökat lavinartat, och den var inte så dålig förut heller. På resebyrån köpte vi fem dagars safari i Masai Mara. Safarin hade startat, men vi skulle köra ifatt den. Men först måste vi växla och handla. På Uchumi supermarket köpte jag vatten och tandkräm. Vi hann till och med ta en espresso på Thorn Tree Café som blivit väldigt trendigt. Backpacker-imagen är slut.

Växlingskurs 2004 (jämför med 1992)
Valuta 100 KES (kenyanska shilling) = 10 SEK (svenska kronor)
Lathund: Man tar ett pris och stryker en nolla, så får man svenska kronor.

Prisexempel 2004
En kaffe 80 KES
En öl 80 KES
En klase bananer 50 KES
En kokosnöt 10 KES
Enklare lunch 150 KES
Dyrare middag 500 KES
Minibuss inom tätort 10 KES
Taxi inom tätort 200 KES
Ett enkelt hotellrum 800 KES

Vi fräste vi iväg med chauffören Ken på en modern motorväg, körde i en timme västerut och svängde av mot Narok. Den vägen var hemsk med stora håligheter, och det tog oss 1 ½ timme att köra 80 kilometer till Narok. Där väntade safarin på oss, och vi fick lunch med köttgryta. På trappan satt en massaj i röd kikoy, påfallande stilig. Jag har läst Corinne Hofmanns självbiografi *Den vita massajen* och tänkte mycket på den boken under resan.

Vi träffade de andra deltagarna och flyttade över till en minibuss, en sån där man kan lyfta taket på och stå och fotografera. Med den åkte vi snabbt vidare med chauffören Moses. (Varför har alla engelska, till och med bibliska, namn, fast jag vet svaret.) Vi körde till Sekenani och infarten till Masai Mara, och redan utanför grindarna syntes några giraffer och zebror. Vid infarten sålde massajkvinnor smycken, vackra grejor i traditionell stil med glaspärlor och ben, och billiga, men man kan ju inte köpa allt. Genast inne i parken flämtade vi till. Några elefanter stod rakt framför oss. På håll skymtade geparder i gräset. Moses kommenterade torrt:

– You will see many.

Schakaler smög, gnuer klafsade, graciösa topi och gaseller hoppade eller snarare flög, babianer skuttade, allt rörde sej omkring oss, dök upp och försvann under de tre timmar som vi åkte runt på oändliga blonda savanner med högt vajande gräs. Som sagt, hur kan man tala om "det mörkaste Afrika"?

Minibussen for illa på de dåliga vägarna och behövde justeras. På återvägen bromsade vi in på en bilverkstad i ministaden Sekenani. Det var en rolig liten huvudgata med café, bar, skönhetssalong, slakteri, hotell, internetcafé. Där fanns mest massajer, och medan vi pratade med dem sjönk solen som ett eldrött klot.

Med en hjälpligt lagad buss åkte vi tre kvart på den otroligt bumpiga vägen i mörkret till vårt sovläger Camp Savuka. Där inkvarterades vi i stadiga bungalows, ett slags permanenta tält. Jag fick en ensam. I matsalen samlades vi för middag. Det var två minibussar med åtta i varje, av alla nationaliteter. Det fanns en annan från Sverige, Mate. Inget svenskt namn precis, och inget svenskt utseende, men jag vågade inte fråga närmare. Skånsk dialekt. Fick en känsla att han var iranier.

Efter middagen visades en massajisk dansföreställning runt elden. Männens vackra röda kläder lyste i eldskenet; sången och dansen, med de karaktäristiska hoppen, är suggestiv. En man, Patrick (engelska namn igen), talade bra engelska, och honom kunde vi fråga nyanserat om massajiska traditioner och värderingar.

När vi gått till sängs gick lampan i mitt tak inte att släcka, men vid midnatt stängde de generatorn och allt blev mörkt. Först låg jag och lyssnade, det var babianer på taket. Sen sov jag tungt.

Nästa morgon ringde väckarklockan klockan sex. Jag som trodde vi hade semester. Det var alldeles mörkt, generatorn var av på dagtid, så nu gick lampan inte att tända. Men solen gick strax upp, snabbt. Det var mycket kallt i tältet. Vi fick frukost, och redan sju åkte vi in i Masai Mara igen. Massajkvinnorna var åter där och sålde, och jag köpte två armband med glaspärlor och ett halsband i ben med svartvita mönster, ett halsband som jag tycker mycket om.

De två minibussarna åkte i parken hela dagen. Zebror, bufflar, geparder, giraffer, strutsar och roliga markattor dansade runt oss. Enstaka akacieträd reste sej på slätten. Vid en flod gick vi ur bilen. En jovialisk vakt med kamouflageuniform och gevär mötte oss och tog oss med på en promenad längs en brant och stenig slänt, med en skarp kant mot floden. Men vad var geväret tänkt för? På den motsatta sidan låg massor av flodhästar och en stor krokodil, men jag skulle vilja se den flodhäst eller krokodil som klättrade uppför vår sida, nästan en ravin. Så för vad? Själv mumlade vakten "Security". Flodhästarna badade, slappade i gyttjan, grymtade och hade trevligt, krokodilen bara låg. Landskapet var ståtligt och ljuvligt vackert.

Lunchen åt vi under ett akacieträd med stekt kyckling, kålsallad och vita bönor på burk. Sen låg jag och tittade upp i trädet, fullt av de blåglänsande fåglar jag mindes från förra gången.

På vår vidare färd hamnade vi mitt i en jättehjord av gnuer och zebror, runt om oss. Djuren galopperade kors och tvärs och brölade. Zebrornas ränder fick ögon och huvud att snurra. Senare passerade några elefanter tvärs över vägen framför oss. Jo nog fick vi se många.

Vi kom till ett jätteområde med svedd mark. Den ena bilen körde fast, men vi hjälptes åt att staga och dra med den andra bilen. Några passade på att göra sina naturbehov, men det var inte lätt, savannen var enorm, och det var kilometervis mellan varje buskage. Det var bara att huka sej och titta bort och hoppas att andra också gjorde det.

På kvällen kom vi till det charmiga Sekenani med bilverkstaden från igår. Vi har redan börjat känna oss hemma där. De unga männen, krigarna, dansade en välkomstdans, och för en avgift fick vi gå in i den inhägnade massajiska byn. En man vid namn Patric, visade oss runt i den lilla byn, cirkelformad och omgärdad av taggiga buskar, vi pratade lite med de gracila människorna så gott vi kunde och fotograferade. Flugorna var en plåga för barnen. Byn hade en butik med konst-hantverk, oändligt vackra saker (men en del smäck också). Speciellt förtjust var jag i färgskalan: brunt, svart, rost, ockra, jordfärger. Patric lät oss gå in i hans manyatta, bostad, den var byggd av lera och kodynga och var förvånansvärt rymlig. Sängen hade mjuka kohudar som ligg-underlag. Patric pratade och förklarade. Massajmän har alltid röda kläden när de är ute och vaktar sin boskap sa han, därför att det skrämmer bort lejon.

Solen föll snabbt, skuggorna blev långa, och det blev kyligt. När vi skulle åka hem startade inte bussen. Vi fick vänta en god stund, under tiden pratade vi med massajerna och beundrade solnedgången. Till sist fick vi dela en annan safaribuss med fyra kvinnor från USA. De hade arbetat i Rwanda och rekommenderade landet varmt för dess skönhet. Fast då behöver vi ytterligare visum plus nytt visum till Kenya, för dyrt? Får se hur vi gör.

Vi var hemma efter åtta. Vi fick genast middag: spaghetti, köttfärssås, med te till. Sen duschade jag, det var avskyvärt med det kalla vattnet. Ute brann en lägereld, och några män satt omkring den och pratade, insvepta i sina röda filtar. Jag satt där en stund och tjuvlyssnade på massajspråket, även om jag inte förstod något. På natten vaknade jag och kunde inte somna om. För många intryck.

Massajer

Massajerna utgör inte den största folkgruppen i Östafrika, men de är däremot en av de mest kända och färgstarka. Männens röda kikoyer lyser upp landskapet. De lever mestadels på boskapsskötsel och följer egna traditioner där värdighet, stolthet och mod är viktiga egenskaper. Massajerna lever på de vidsträckta savannerna både i Kenya och Tanzania, och de har motstått otaliga försök från centralregimernas sida att assimilera dem. Deras språk tillhör nilspråken och är alltså inte besläktat med swahili.

Jag frågar Patric hur folk ser på Corinne Hofmanns bok. Hon var alltså gift med en massaj och levde med honom och hans familj i norra Kenya, tills det hela rämnade med ett brak på grund av kulturskillnaderna. Patric svarar att hon inte är väl sedd, man tycker hon lämnar ut massajerna, och förresten var hennes man inte massaj utan samburu. Lämnar ut, kanske. Det måste ha varit omskakande och såriga händelser, och jag förstår hennes behov av att skriva av sej. I huvudsak menar jag dock att Hofmann varit ödmjuk och respektfull gentemot sin mans familj och folk, deras leverne, traditioner och värderingar. Händelserna ägde rum för nästan tjugo år sen och är skildrade med sån detaljrikedom, till exempel i dialoger, att hon måste ha efterkonstruerat och broderat. Men jag vill inte veta allting som försiggår mellan man och hustru. Avsnitten om deras samliv kändes för intimt. Beträffande benäningarna massajer och samburuer: de är två närbesläktade folk, med

91

liknande språk och levnadssätt. Ibland beskrivs samburuer som "ett slags massajer". Själva skiljer de på de båda grupperna. Massajer lever i södra Kenya, samburuer i norra. Så egentligen borde boken ha hetat "Den vita samburun". – Men, påpekar Patric, då hade ingen köpt den.

Masai Walk

Efter frukosten åkte vi strax in i parken igen. Först siktade vi många djur, men sen körde vi runt runt länge utan någonting. Ett engelskt par hade suttit två timmar och väntat på att en leopard, som hängt upp ett byte i ett träd, skulle komma tillbaka. Mannen hade kameror med gigantiska teleobjektiv. Vår minibuss skrämde definitivt bort honom, leoparden alltså, i två timmar till.

Sen gick bussen sönder *igen*. Vi stannade i ett vägskäl, och den lagades provisoriskt. Babianer skuttade, och smäckra giraffer rörde sej stilfullt genom landskapet. Halv ett körde vi in på Keekorok Lodge för att laga bussen bättre. Under tiden satt vi turister i den eleganta serveringen, jag tog en kanna kaffe. Ett vårtsvin bodde där och låg just nu och sov på terrassen. En gångbro ledde ut till en utsiktspunkt där man kunde betrakta det vackra stilla landskapet. På håll i den magiska middagssolen syntes några elefanter. Det blåste en ljum vind.

Bussen var färdig, och vi körde till stora utfarten. Där stannade vi i den lilla konsthantverksbutiken, de hade så fina saker. Men sedan började vi diskutera vad vi skulle göra. Några ville tillbaka till Keekorok Lodge, medan andra ville tillbaka till Camp Savuka och gå på Masai Walk. Det blev en massa tjafsande. – Too much monkey business, som jag sa till den alltmer olycklige Moses. Men till sist åkte vi till campen och åt en sen lunch.

Masai Walk innebar att vi – Mate, John, Emma och jag – gick med fyra massajer, bland andra Patric som kunde bäst engelska. Han berättade om de nytto- och medicinalväxter massajerna använder. På vägen uppför en sluttning halkade jag på lösa stenar, föll och rullade nedför en slänt. Det såg otäckt ut, sa de andra. De blev hjärtängsliga och visste inte hur väl de ville mej, Patric skar en vandringskäpp till mej. Som äldre kvinna åtnjuter jag omtanke och respekt.

Men visst var det jobbigt. De andra var 20–30 år yngre än jag, och de flåsade lika mycket, det vill säga inte massajerna. Belöningen väntade när vi kom upp på en höjd med svindlande milsvid utsikt över Masai Mara. De fyra massajerna stod stolta och såg ut över landskapet, sitt land.

92

Vi fortsatte till en grotta där krigare samlas ceremoniellt, slaktar en ko och stannar i 1–2 veckor. De pekade in i skogen och visade att de hängt upp ett kohuvud i ett träd. Jag såg det inte, men det var jag bara glad för. Över huvud taget har jag lite svårt med en massajiska kosthållningen – kött, blod och mjölk. I grottan visade gänget hur de gör upp eld, och hur de bränner sej själva för att öva sej att utstå smärta. Kvinnor får egentligen inte besöka grottan, så engelskan Emma och jag drog den slutsatsen att vi inte räknas som riktiga kvinnor.

Vi hade så roligt i den där grottan, pratade och skojade. Massajerna är vänliga, ödmjuka, humoristiska. De bevarar sin egen kultur och sköter själva sin integrering i det kenyanska storsamhället på egna villkor. Inkomsterna av turisterna går direkt till dem. Frågan är vad som händer när horderna av turister fortsätter välla in. Barnen kommer att lära sej engelska på nolltid, och sen är det slut med den massajiska familjehierarkin, och därmed kulturen???

Vi var hemma sju, jag var så trött att benen darrade, och det hade blivit kyligt. Jag var svettig och frös som en hund och kunde inte förmå mej att duscha.

Jag hade blivit så fascinerad av den traditionella massajiska sången att jag frågade Patric om de hade någon kassett jag kunde få köpa. Jo det kunde han väl ordna.

– Jesus music or traditional music? frågade han.

– Traditional tack.

Jag får en kassett, och en månad senare är jag hemma i Sverige och sätter med spänning in den i bandspelaren. Gospel. Jesus music. Inte ett *dugg* lik den traditionella. Ytterligare en månad senare hittar jag i ABC-butiken i Lund en video om massajernas traditionella liv och leverne. Med sång. Så nu är jag helt nöjd.

Alltså sista kvällen sitter jag och pratar med de andra safari-deltagarna. Emma och jag laddar våra kamerabatterier i tur och ordning, de har bara ett uttag på hela campen. Vi äter indiskt: dal och chapati. Mate pratar om sej själv, han är verkligen iranier. Han är född av iranska föräldrar, fadern var officer under shahen … Hoppsan, detta börjar låta bekant. The house of sand and fog. Är jag med i en film? Jag rör ihop det med filmen jag sett på planet. Vi pratar och pratar. Han har diskuterat med många om shahens Iran och fått lika många perspektiv av det land han lämnade som tvååring. Han är helsvensk till sin identitet för övrigt. Troligen har jag betydligt mer iransk identitet än han, efter alla kontakter med iranier, iransk historia och iranska språket jag haft genom åren.

En annan mycket trevlig bekantskap är Emma. Hon är en av de mest positiva människor jag stött på och absolut den vettigaste på hela resan. Diskussionerna med henne står som ett klart ljus under min resa. Hon är 24 år yngre än jag. Ännu efter ett år har vi kontakt via e post.

Mot Nakurusjön

Det är 11 grader i tältet på morgonen!!! Jag betonar: På ekvatorn, i juli. Jag har sovit uselt, eftersom jag hade frossa. Jag borde ha duschat igår. Nu måste jag göra det. Det är hemskt, iskallt, jag hackar tänder.

Efter frukosten lämnade vi campen och körde norrut. I en butik hittade jag örhängen som matchade mitt halsband. De sa det var krokodilben, fast sen hörde jag att det var ko. Det verkar ju troligare, om det är massajiskt hantverk. Fast sen ser jag samma mönster i Uganda, och där finns inga massajer. Men jag blev inte klok på hur de fått dem svartvita, det ser inte målat ut. Zebraben naturligtvis! Av mej fick de danska kronor med hål i, att göra egna örhängen.

I Narok stannade vi i centrum. Det är en trevlig stad, nu känner man att man är i Afrika, jag har alltid gillat tätorter mer än landsbygd. Stan har 15 000 invånare. Jag gick runt lite och fotograferade och pratade. Lunch åt vi på det tjusiga Hotel Mt Longonet: köttgryta, spaghetti och färskpotatis; det var mycket gott. I en hotellets butik köpte jag toapapper, kex och en liten flaska apelsinvin. Dyrt, som i Sverige, men vad ska jag i en turistfälla att göra!

Landskapet förändrades från savann till lövskog och sen till savann igen. Massajerna blev färre, och det hördes mer swahili. Nu var jag absolut pank, och i Nakuru tog jag ut pengar på ATM. Så kom vi till lodgen i Nakuru. Den liknade en stugby och var omringad med murar, det kändes lite konstigt. Vi fick i alla fall våra stugor. Ingenting var förberett, men en man cyklade iväg och köpte öl. Inte heller fanns det något vatten för att duscha eller spola på toa. Jag drack fredligt mitt apelsinvin i den varma kvällssolen och la min mobil på laddning.

Vi satt länge och pratade och drack öl och hade det trevligt. Det var ett bra sällskap, och dit slöt sej en japan, Naoki, och en äldre engelska, Anita. Mate trummade! På avstånd hörde vi kvällsbönen från en moské. Det är ett så fridfullt och lugnande ljud att höra, särskilt den sista bönen, den vid solnedgången. Jag hade gärna velat gå dit och lyssna men ville inte gå ensam. Ville Mate bli med? Mja, hans föräldrar är muslimer, men själv har han aldrig satt sin fot i en moské och hade inte precis lust nu heller. Vi diskuterade länge religion och identitet. Sen var middagen klar, stekt kyckling, varm kålsallad (det är väldigt, vad ska jag säga, *högfrekvent* med kålsallad, vi har fått det två gånger dagligen), mango. Jag gick tidigt till sängs, pysslade med bagaget och satte upp mitt myggnät.

På morgonen fick vi en spann vatten för lite kattvask, vattenledningarna fungerade fortfarande inte. Efter frukosten åkte vi genom Nakuru till Lake Nakuru Park. Vid entrén spatserade massor av apor. Nakurusjön syntes omringad av ett rosa band som bestod av miljontals pelikaner och flamingor och det var ett skrän och skrik utan like. Flamingornas smala ben bildade ett surrealistiskt streckmönster mot den blanka vattenytan. Noshörningar passerade revy på nära håll, liksom bufflar, giraffer, zebror, babianer, gaseller.

Vi körde upp till en utsiktspunkt, där vi kunde se hela sjön och miltals av det omkringliggande landskapet, underbart vackert. Nu var det hyfsat varmt, 22–23°. Det kom en buss med studenter från universitetet i Nairobi, som studerade inom naturskyddsnäringen.

Fast i gyttjan

Vi fortsatte längs stranden där det fanns ännu fler pelikaner och flamingor. Stranden var geggig av ett slags saltkristaller och träck, och det luktade starkt.

Där, i den stinkande gyttjan av lera, fågelträck och ruttnande fjädrar, fast jag tycker så mycket om fåglar, fastnade vi. Ena bakhjulet snurrade bara runt runt i träcket, vi försökte skjuta på. Där satt vi. En hop bufflar närmade sej hotfullt. Moses grävde och stagade bakhjulet och blev helt nersmord. En safarijeep syntes på långt håll, men i stället för att hjälpa oss vände de och körde sin väg, skitstövlar.

Till sist kom en indisk familj i jeep. De kopplade en lina och drog oss långsamt ur det avskyvärda hålet. Moses backade, bara för att köra ned framhjulet i samma hål!

– Vad bra, nu är vi halvvägs! ropade den optimistiska indiska familjefadern, och så tog han ett nytt tag och vi var loss. Efter en picknicklunch under ett träd körde vi ur parken och tillbaka till campen. Där kopplade vi av i gräset en stund, lite uppskakade efter upplevelsen vid fågelsjön.

Sent på eftermiddagen körde Moses oss till Naivasha, safarin var slut. Vi tre, Tore, Odd-Erik och jag, skildes från Emma och de andra och bytte till personbil, och på kvällen susade vi in i Nairobi. I Nairobi tog vi en taxi till Orchard Hotel. Det var otroligt trånga och bråkiga kvarter, riktigt obehagliga, men rum fick vi. De var fina med eget badrum, handduk, tvål! Tillbaka i storstan! Det kändes konstigt efter friden på landet. Middag intog vi på Thorn Tree Café, en indisk dalrätt och Tusker öl. Trots det minimala avståndet, 300 meter, rekommenderade personalen att vi tog taxi hem, och utanför restaurangen stod mycket riktigt en mängd taxibilar och väntade. Musiken från diskot mittemot hotellet var öronbedövande.

Barnhemmet Shangilia

Jag vaknade sex, och som ofta tidigt på morgonen kände jag mej dyster. Nairobi är en jobbig storstad, och jag vill inte vara i detta getingbo. På Thorn Tree Café åt vi frukost. Vi satt på deras uteservering, och det blev snabbt varmare. På deras tv såg vi att det är 13° i Köpenhamn. Nå, då är det *lite* bättre här. Sen ringde jag barnhemmet Shangilia i Kangani dit jag hade ett ärende, och vi kom överens om att jag skulle komma.

På Uchumi supermarket mittemot handlade jag småsaker. De hade söta kinesiska skålar i blommig emalj – liknande dem jag köpte i Beijing – som jag ska köpa sista dagen. I Stanley Bookshop letade jag efter en parlör på massaj, men nej. Där finns mest turistgrejor, bland annat en trevlig bok om kangor. Vi försökte hitta African Heritage, men de har flyttat. I en indisk affär köpte Odd-Erik ett myggnät. Vi gick till Savuka resebyrå och hörde oss för om turer i Uganda, men det är alldeles för dyrt. Jag försökte ordna taxi till barnhemmet, men det blev lite strul.

– I want to go to an orphanage.

– For giraffes?

– No for children!

Jag var osäker på de vrålande mataturna. Dessutom hade jag 20 000 shilling – 2000 kronor – på mej som jag skulle överlämna, och jag hade ingen lust att bli rånad, så jag ringde till Shangilia igen. Det bestämdes att kassören Japeth Njenga skulle hämta mej på Thorn Tree Café. Han kom strax efter ett, en man i 45-årsåldern. Jag hade glömt en sak på mitt hotell och undrade om han kunde svänga förbi där (några kvarter bort alltså). Jovisst. Det tog en timme i det vedervärdiga trafikkaoset. Så kom vi äntligen iväg till Kangani.

Det finns en lång historia bakom det faktum att jag just då satt i en personbil bredvid en kenyan på motorvägen ut från Nairobi City. Jag berättade för Japeth att det låg *fem* slumpar bakom. Det hela började 1½ år tidigare, på Hawaii. Det finns de som bara förknippar Hawaii med bad och nöjesliv, men jag var faktiskt där på en konferens . Där *råkade* (1) jag träffa en delegat från USA med nigerianskt ursprung, Niyi Coker. När han hörde att jag var från Sverige berättade han att han ville sätta upp en teaterpjäs i Sverige. Om segregation och integration. – Jag vet ingenting om teater, sa jag, men det brydde han sej inte så mycket om. Niyi är en dynamisk person. Hemma hoppades jag han skulle glömma bort det hela, men nej. I postlådan damp ned en tjock packe med hans meritförteckning, recensioner med mera. Jag försökte fundera ut vilka möjligheter jag hade att hjälpa honom på min gamla arbetsplats. Jag hade just fått ett nytt arbete men var fortfarande efter elva år mentalt rotad på min gamla arbetsplats.

Jag *råkade* (2) berätta om mitt bry för min väninna Mechtild, som föreslog att jag skulle pröva på min nya arbetsplats, som särskilt utmärker sej för en policy med integration och kultur. Sagt och gjort, jag mejlade till några lämpliga personer och redogjorde för idén. Ingenting. Ingen som helst respons. Jag var färdig att mejla tillbaka till Niyi om motgångarna, när jag *råkade* (3) hamna på en fest bredvid en arbetskamrat, Bo, som hade en annan arbetskamrat, Adam, som undervisade i teater. Det lustiga var att jag satt vägg i vägg med båda två hela dagarna utan att vi kommit på detta.

Adam blev eld och lågor, och sen inledde han och Niyi en intensiv kontakt. På hösten *råkade* (4) jag få en voucher från flygbolaget Delta Airways för att de slarvat med mitt bagage på Hawaii, och eftersom jag ändå skulle till New York utnyttjade jag denna voucher och tog en avstickare till Birmingham, Alabama, där Niyi är professor. Där pratade och pratade vi och planerade. Sen kom Niyi en avstickare över Malmö på väg till sitt gamla hemland Nigeria, planerna tog fastare form med Adam, en annan arbetskamrat Jean, och andra.

Året därpå, när jag var i Kambodja, kom så äntligen Niyi och regisserade pjäsen *A raisin in the sun* av Lorraine Hansberry. Den handlar om fördomar och utanförskap i 1960-talets Chicago, och visst går den att överföra till Malmö. Pjäsen blev ett lyckokast, jag hann just hem till premiären och där kom den femte slumpen. Jean *råkade* (5) ha en granne, Anne, som arbetade för barnhemmet Shangilia i Nairobi, och det bestämdes att överskottet från pjäsen skulle gå dit. Det var därför jag hörde talas om Shangilia, och det var därför jag kontaktade Anne när jag visste jag skulle till Nairobi. Hon bad mej ta med en större summa pengar i gåvor; via bank kostar det så mycket i avgift. Så det var därför jag satt i en bil på motorvägen till Kangani. Okej kanske inte alla slumpar var nödvändiga för storyn, men jag tycker det är festligt att se vilka kedjor som påverkar våra liv. Japeth mumlade något diffust om Guds vilja.

På Shangilia tog personalen emot mej, jag överlämnade pengarna och några barnteckningar från Sverige, och de visade mej runt. De har just nu 160 barn, som de ger mat, logi och grundläggande utbildning under enkla förhållanden. Men de ger dem mycket mer än så: kärlek och respekt för varje barns individuella talanger och intressen, de uppmuntrar varje barn som individ, arbetar särskilt mycket med dans och teater. Några barn har hittats som nyfödda, andra är gatubarn som fortfarande har ett destruktivt beteende. Personalen är outtröttlig. Jag fotograferade några av barnen och klassrummen, som de skulle använda till sin hemsida, och filmade en dansrepetition.

Men så gick min kamera sönder! Det var något med minneskortet. Hur har det nu gått med alla fina bilder från safarin??

Tillbaka i Nairobi gick jag och gutterne ut. Den gulliga personalen på hotellet var bekymrad för vår säkerhet och ville veta vart vi skulle. Vi gick till Trattoria, vår gamla restaurang, men vad dyr den har blivit! Jag tog pasta nånting. Sen, på Thorn Tree Café, där vi satt med en espresso, fick jag för första gången denna resa höra min lingalamusik, denna steelband som går *rakt* in i blodet. Men först nu? Sjätte dagen? Hittills har det bara varit västerländsk hårdrock. Förutom massajernas sång förstås. Även musikutbudet har förändrats. Ack ja. Taxi hem den pyttelilla sträckan, synd att det ska vara nödvändigt.

Giraffcenter och kulturcenter

Efter frukosten gick jag in i fotoaffären bredvid Thorn Tree Café med kameran. Den indiska expediten försökte förgäves rengöra minneskortet. Bilderna var i alla fall kvar, så jag lät bränna en CD. Sen gick vi till Akamba bussbolag och köpte biljetter till Kampala i morgon, en expressbuss, "Royal". Av en man på gatan köpte jag dagstidningen Taifa Leo och så småsaker på Uchumi.

Vi kom överens med en taxichaufför om en körning till Langana Giraffe Centre, ett fosterhem för giraffer. (Det var det taxichauffören syftade på igår.) Dyrt och litet, men djuren var vackra, det var fyra giraffer och åtta vårtsvin, man kunde mata dem. Vi satt i serveringen med mycket vackra stolar med giraffmönstrade bomullsdynor. Samtidigt tänkte jag på "fosterhemmet för barn", som jag besökte igår, och på barn som inte ens är någonstans. Vad tänker giraffpersonalen? Därifrån åkte vi vidare till Karen Blixens Coffee Shop för lunch. Chauffören fick låna min Taifa Leo att läsa. Det var så vackert och behagligt i trädgården, med gröna gräsmattor och prunkande buskar och minsann en bananplanta.

Vi fortsatte till Bomas Cultural Centre som jag minns från 1992. Först tog vi en runda i de uppbyggda byarna, en för varje folkgrupp: kikuyu, luyia, luo, kisii, massaj, taita, kuria. Byggnadsstilen skiljer sej åt, vissa hus är av sten, vissa av lera, vissa av kodynga. Några är fyrkantiga, andra är runda. Men tyvärr saknades närmare information. Luyiahusen hade sällskap av en jättestor Coca-Cola-kiosk.

På den stora inomhusscenen pågick danser. Flera skolklasser var där på besök, i vita skoluniformer. Danserna var lika underbara som jag minns dem. Musiken är starkt rytmisk. Jag fotograferade och filmade och kunde knappast slita mej från showen. På tillbakavägen spelade jag upp inspelningen i taxin, chauffören skrattade gott och igenkännande, han var själv kikuyu.

Kikuyu, luyia, luo, kisii, massaj, taita, kuria. Vi har alltså exponerats för en otrolig mångfald, och det bara i Kenya. Så är inte fallet i den vanliga uppfattningen om Afrika. Vad tänker vi på när vi hör ordet "afrikan"? Något ganska enhetligt. En viss hudfärg och ett visst utseende. Finns det inte en tendens att klumpa ihop alla länder och folk i Afrika under en viss etikett, som vi sällan skulle göra med Europa eller för all del någon annan världsdel? I Europa finns irländare, ungrare, sicilianare, skåningar, och alla tycker att just de är något speciellt. "Vi irländare till skillnad från engelsmännen …", "Vi sicilianare till skillnad från romarna …", "Vi skåningar till skillnad från uppsvenskarna …" Vi och dom.

Inte heller skulle man klumpa ihop asiater på samma sätt. Asiater kan vara allt från turkar till japaner. Men afrikaner är bara – afrikaner. Djupt kränkande beskyllningar, till exempel som "den största hiv-faran i Sverige", har kastats emot dem. Etc. Termen "afrikan" är för övrigt inte okontroversiell. Det kan uppfattas som synonymt med "afrikand", det vill säga vit boerättling i Sydafrika. Hårklyverier? Nej, ord betyder nåt. Det är det de är till för.

På vad sätt skulle Kenya och Nigeria ha mer gemensamt än vad Sverige och Bulgarien har? Natur, näringsliv, kultur, matvanor, språk, normer, skiljer sej. Bara inom Ghana (20 miljoner invånare på 240 000 km2, som halva Sverige) finns åtta större språk och ett sjuttiotal mindre. Inhemska. Säg det europeiska land som smäller högre i mångfald.

Tillbaka i Nairobi handlade jag proviant för morgondagens resa på varuhuset Tusker intill hotellet. På Kenyatta Avenue hittade jag ett internetkontor, en jättelik sal med många datorer och nästan bara manliga svarta kunder. Men visst är det svårt att koncentrera sej på e-post på resor!

Vi åt middag på Thorn Tree Café, kyckling med tomatsås. Det var vår sista kväll i Nairobi, och vi var tystlåtna. På hotellet satt vi en kort stund i tv-rummet och drack brandy.

Mitt café i Kisumu!

Vid Akamba busstation var det liv och rörelse redan sex på morgonen, det gick en buss till Dar es Salaam strax innan vår buss. Nästan på slaget sju kom vi iväg. Den var en modern och elegant expressbuss, inte alls som förra gången. Däremot var vägen lika skumpig. På rastställena sålde folk jackor och klockor. I teodlingsdistriktet strax före Ngata köpte jag te, mer än jag egentligen behövde, men jag gav Mechtild en påse sen. Vi passerade Awasi och Ahero och kom till Kisumu vid middagstid.

I utkanten av Kisumu körde bussen långsamt och till sist stannade den. Gatan var blockerad av människor. Vi hörde ett par skarpa smällar, och några passagerare kastade sej på golvet. Det var kravaller, och polisen grep in. Dagen efter läste vi att en oppositionspolitiker blivit skjuten i Kisumu, kanske var det det vi hört. Hm.

I centrum av Kisumu åt vi i alla fall lunch. Här känner jag igen mej!!! Det var i Kisumu vi stannat förra gången mitt i natten, den gången 1992, det lilla förklarade caféet. Men är det möjligt? Kan jag känna igen mej efter tolv år? Tore och Odd-Erik uttrycker sina tvivel. Men det gör jag, och dessutom, eftersom det befinner sej exakt mitt emellan Nairobi och Kampala, är det till och med troligt att resebolaget alltid gör pauser här. Så fick jag återse mitt lilla café, i dagsljus till och med. Jag köpte två mandazi, ett slags munkar.

Bussen körde vidare, en nederländska gick på som reste ensam, vi pratade lite. Så träffade jag en intressant kvinna, Rose, som arbetar med flyktingar i Sudan. Hon var själv statslös och ville komma till Sverige, vi utbytte e-postadresser. Vi passerade Ugunja, och jag passade på att växla: 1000 kenyanska shilling mot 22 000 ugandiska. Jag slumrade, och så var vi framme vid gränsstationen Busia kl. 15. Vår gamla gränsstation i Malaba används inte längre. Där måste vi ha visum, 30 USD, fy. Inne i Uganda passerade vi Iganga, Jinja, Seeta, Ninanve och Kireka. Vi kom till Kampala kl. 19, efter exakt 12 timmars resa.

... och med Uganda

Kampala som Fågel Fenix

I Kampala fick vi rum på Mukwano Guest House. Det var lite bökigt där med byggarbeten. För middagen fick vi gå långt, ända till Speke Hotel. Där tog jag curry, och det var dags att prova den ugandiska ölen, Nile Beer. Kampala påstås vara en säker stad numera, och vi gick hem till fots. Tänk förra gången när det var utegångsförbud och allt. Väl tillbaka vid tiotiden möttes jag av en syn: toan hade gått sönder, badrumsgolvet var fyllt av decimeterdjupt vatten. En man ur personalen kom och fixade det hjälpligt, pumpade och torkade upp. God natt Uganda.

Växlingskurs 2004 (jämför med 1992)
Valuta 1000 UGS (ugandiska shilling) = 5 SEK (svenska kronor)
Lathund: Man tar ett pris, stryker två nollor och delar med två, så får man svenska kronor.

Prisexempel 2004
En kaffe 1000 UGS
En öl 2000 UGS
En klase bananer 500 UGS
En kokosnöt vet ej
Enklare lunch 3000 UGS
Dyrare middag 10000 UGS
Minibuss inom tätort 1000 UGS
Taxi inom tätort 3000 UGS
Ett enkelt hotellrum 20000 UGS

Ny dag! Efter frukost på Speke Hotel gick vi ut på stan, på strålande humör. Det var betydligt varmare här än i Nairobi, och för första gången slapp jag frysa. Jag kände verkligen inte igen så mycket. Dels glömmer man, och dels har Kampala verkligen förändrats. Det jag såg sist var ett slagfält, en krigshärjad stad. Särskilt minns jag gatorna av röd jord, lera om det regnade, och så minns jag den proppfulla "matatagropen", den enorma nedsänkta parkeringen för de små minibussarna. Nu ser jag alla gator asfalterade med prydliga trottoarer. Blänkande höghus har rest sej som fågel Fenix, folk går välklädda och pratar i mobiler. Mobilprat är annars pest, men här är jag verkligen glad över det, ugandierna har förtjänat välstånd och utveckling.

Jag ser lysande jakarandaträd som prunkar av rosa blommor och grönskande buskar och gräsmattor, så vacker stan är! Och storkar sitter på parlamentsbyggnaden, fast Tore påstod att de satt där sist också.

Matatagropen är asfalterad, och man har byggt trappor med räcken till övre plan. Hur har de hunnit allt detta? Det största intrycket gjorde de asfalterade gatorna.

Sen blev det jobbigare. Vi gick till Uganda Wildlife Authority för att få information om gorillaturer, och sen sprang vi runt till privata resebyråer för att jämföra priser, till exempel Pearl of Africa som var mycket tjänstvillig, solen gassade.

Vi bestämde oss för Uganda Wildlife Authority i alla fall och gick tillbaka dit och började arrangera. De körde oss till bilfirman där vi hyrde en jeep och träffade chauffören Ally. Vi var tvungna att betala massor i förskott, tillstånd (177 USD per person, och det var ändå halva priset mot normalt), bensin, färjeavgifter, inträden, inkvartering; vi tog ut pengar på ATM.

Det tog hela dagen, och vi blev ordentligt trötta och irriterade och rörde ihop alla siffror, billigt blev det inte. Slutsumman blev ungefär densamma som genom en privat byrå, och då hade vi sluppit allt besvär. Fast sånt vet man ju inte. Mina sandaler gick sönder, men jag lyckades få dem lagade av skomakare i ett gathörn.

Sen eftermiddag pustade vi ut på Speke Hotel. Alla pengar var slut, vi tog ut nya som skulle räcka hela safarin. Det var lite obehagligt att gå hem genom Kampalas gator med så mycket kosing på oss. Lite hade jag mitt förra besök i tankarna med skottlossning och rånmord. Sen gick jag till ett internetcafé. Jag försökte mejla men inte ens det lyckades.

Naturligtvis hade vi inte ätit på hela dagen, vi var hungriga, och naturligtvis kunde vi inte bestämma vart vi skulle gå. Grand Imperial Hotel, vräkigt, mja. Vi hade ett minne av att Kampala Sheraton förra gången hade en frestande inhemsk buffet med för Europa låga priser. Vi hade däremot inget minne av hur långt bort och högt uppför en backe hotellet låg. Vi pustade upp, bara för att upptäcka att priserna hade nått Europas höjder. Tillbaka till Grand Imperial, den lilla källaren Didis Dining. Där var mysigt men alldeles folktomt. En ensam orkester spelade. De serverade "afrikanska" rätter, jag tog kyckling kokt i bananblad med ris och bananpudding. Det var mycket läckert, det enda lyckosamma denna bedrövliga dag men alldeles för stor portion. Vi var trumpna efter allt tjafsande.

Alltså Speke. Hotellet har namn efter John Hanning Speke, en brittisk Afrikaresenär på 1800-talet. Det finns påfallande många geografiska namn med brittisk anknytning. Det är det enda som gör mej besviken i Uganda. Kenya har inte alls så många kolonialnamn, och Uganda hade inte heller så många under Idi Amins regim, diktatorn som försökte afrikanisera Afrika. Det lände honom till heder, om inget annat. Men nu, efter Amins fall, blommar kolonialromantiken för fullt.

Murchisonfallen

Ally hämtade oss halv sju, och vi började vår egenkomponerade ugandiska safari, norrut mot Murchison Falls National Park. Ally var pratsam, och snart hade hans soliga humör spritt sej till oss. På vägen stannade vi och köpte vatten, 12 lit per person. Vi hamnade bakom en riktalig hjord med långhornade kor. Vi nådde Masindi vid middagstid, men sen gick det snett. Vi körde långt, men nu hade vi börjat närma oss de politiskt oroliga områdena i norra Uganda. Ally gick ut och förfrågade sej, bedömde läget som riskabelt och körde en lång väg tillbaka. Vi kom visserligen in i nationalparken men lyckades missa en vägvisare till campen där vi skulle bo och hamnade nere vid färjeläget. Nå, när vi ändå var där bokade vi biljetter till båtturen i morgon.

Så styr vi kosan mot Murchisonfallen. Vi stannar vid de övre fallen och ser de skummande vattenmassorna kasta sej nedför branten. Alla är stressade efter resan, äntligen kan vi koppla av. Ally visar mej en utsiktspunkt, och där låter vi vattenstänken skölja över oss. Det droppar vatten från grenarna. Luften är mättad av fukt och doft av mögel och jord. Jag sätter mej på en grässlänt. Tiden står still. Jag blundar. Vattenmassorna vrålar men tiger samtidigt. Jag får en helig känsla, en vördnad. Det finns en kraft, ett system, en ordning. En ande. Den Store Anden.

Senare träffar jag en lokal guide och undrar vad fallen heter på riktigt – Sir Roderick Impey Murchison var visserligen stödjare av David Livingstonev, men det var just inget som hade med vattenfallen att göra. Kolonialromantik igen.

– Kabalega Falls, svarar guiden, eller Padzao, det betyder 'A place of spirit' på det lokala språket.

– Vilket då språk?

– Luo. I gamla tider trodde man att andarna fanns här, ler han lite överseende. Jag berättar att jag klart och tydligt känt deras närvaro.

Så kom vi äntligen till campen, Hot Chilli Camp. Det var jättefint, informellt, avslappnat. Det var så trivsamt där att vi bestämde att vara hemma i morgon i stället för att åka på vilttur. Jag skulle ha ett litet tält med säng, och Tore och Odd-Erik delade en banda, ett traditionellt runt hus av sten. Jo de kunde vara glada att det var av sten. Runt omkring gick vårtsvin och bökade.

Ett av skälen till att vi hyrt jeep med förare var att vi skulle komma fortare fram än med allmänna kommunikationer. Det hade tagit oss tio timmar. Vi träffade några danskar. De hade åkt buss från Kampala. Det hade tagit fyra timmar. Men vi gjorde ju paus vid fallen förstås.

Ett nattligt besök

Vi satt i Kibuku Bar o Restaurant (kibuku betyder 'flodhäst') och åt en indisk rätt med linser och curry. Jag tog ett litet glas waragi, ugandisk gin, på terrassen med utsikt över Nilen. Kvällen var varm, för första gången slapp vi frysa. En vacker antilop hade kommit helt nära där vi satt. Men sen kom något annat. Det kom en flodhäst. Vi gick så nära vi vågade, kamerorna gick varma, o vad rädda vi var. De som varit där längre lugnade oss med att han alltid kommer upp vid kvällstid, knallar omkring, betar, oberörd av alla fotoblixtar. Han är harmlös om oprovocerad. Visst.

På natten vaknar jag av ett ljud mycket nära tältduken, ett betande ljud som av en väldig gräsmaskin. Tjrofs tjrofs tjrofs låter det. *Flod-hästen!* Alldeles utanför mitt tält. Jag är ännu inte vaken och tänker sömnigt att han går väl vidare. Det gör han också, jag slappnar av, fortfarande med bultande hjärta. Men så kommer han *tillbaka! Ännu närmare!!* Jag sätter mej upp men är för skräckslagen för att ens röra mej. Harmlös om oprovocerad javisst, men jag räknar ut tusen sätt han skulle kunna bli provocerad på. Till exempel så står det fotogenlampor utanför tälten, tänk om han råkar sparka omkull en sån och få eld i svansen. Eller tänk på alla bilar som kör ut och in med strålkastarna på, han kan bli skrämd av dem. Eller snava på tältlinorna. I samtliga fall skulle han få panik och rusa rakt över mitt tält och det skulle vara slut med Ann.

Det går en evighet, jag känner mej lugnare, han är nog långt borta, och jag vågar försiktigt vrida på huvudet. Då får jag se hans jättelika skugga genom tältduken, hög som ett hus, och med det enorma huvudet en halv meter från mej och med bara den tunna tältduken emellan. Jag har aldrig aldrig känt sån skräck, och jag ska aldrig aldrig glömma den synen.

Äntligen försvann han, och jag lyckades mot förmodan somna om. Nästa morgon inspekterade jag marken utanför tältet. Nå, tältlinorna nådde flera meter ut. Han kunde inte gärna ha krupit under dem, och det är sant att han var nog inte så nära mej som jag trott. Men i alla fall. Om han råkat sparka etc.

Det var en mycket behaglig lördagsmorgon. Jag hängde upp tvätt, lite underkläder, och gick till frukosten, pannkakor och te med mjölk och kryddor. Då kom en nederländare:

– Ann, vårtsvinen tar dina underkläder.

Mycket riktigt, ett av vårtsvinen sprang iväg med mina trosor, de syrenlila, som fastnat på betarna. Han själv så klumpig sprang förvånansvärt kvickt med svansen rätt upp. Till slut föll de av, trosorna alltså, och jag fiskade upp dem. Hela campen skrattade.

Friden lägrade sej, temperaturen steg mot 30 grader. Jag satt och pratade med Ally som har en intressant bakgrund, han är en medelålders arabisk-ugandier med indisk skolgång, mångsysslare. Ännu efter ett år sms:ar vi lite.

Efter lunchen med fruktsallad gick vi till flodbåten som skulle ta oss uppför Nilen. Den skulle gå klockan två men hade fel på batteriet, så först en timme senare kom vi iväg. Vi åkte i två timmar fram till Padzaos nedre fall, och under tiden beundrade vi flodhästar med de roliga rosa öronen som de snurrar på som propellrar, krokodiler. Vi beundrade träd med bon av vävarfåglar. Vid strandkanten längst ut på en udde stod en ståtlig elefanttjur, ensam, majestätisk. Han drack vatten, betraktade oss och spände varnande ut öronen. Äldre hannar drar sej gärna undan hjorden och lever ensamma. Elefanter alltså.

Tillbakafärden gick snabbare. Jag stod på däck och njöt. På kvällen började jag fundera. Skulle jag få besök i natt igen? Flodhästen syntes inte till, lugnt. Men när jag skulle till tältet för natten stod han där på gårdsplanen. En nytillkommen gäst blev vettskrämd. Jag informerade om att han är harmlös om oprovocerad.

Schimpanser i Fort Portal

Nästa morgon hann vi med en liten vilttur på andra sidan Nilen. Vi såg mest giraffer och antiloper, det var så vackert i den klara morgonen. Men det skulle bli en lång dag, vi måste sno oss. Lyckligtvis hann vi med en tidig färja tillbaka och körde genast söderut, till Buliisa, Biiso och Hoima. Vägen gick i slingerkrok med bergen runt om oss. Jag skulle läsa kartan, medan Ally påstod att han kunde vägen ändå, och så tjafsade vi lite. Ett tag trodde vi att vi kört fel, särskilt när Ally påstod att bergen till vänster om oss var Blue Mountains i Kongo, som jag menade borde ligga till höger om oss, vi blev nästan osams. I en liten by pratade jag med några bybor och fotograferade lite. Lunch åt vi i Hoima, på Rendezvous Pub.

Vi åker vidare, jag sover. Vägen är förfärligt dammig. Vi stannar vid milsvida teodlingar och njuter av det intensivt gröna landskapet. Nya små kontakter med folk. På kvällen är vi framme i Kyenjojo, och därifrån kör vi mot Fort Portal, där det finns ett schimpansreservat i Kibale National Park.

Där hade något gått snett med bokningen, vi fanns inte med. Men vi hade tur, fick deras två sista banda. Annars hade det just varit snyggt, det började bli mörkt. Personalen var inte speciellt trevlig, och vi blev visade långt in i djungeln. Nu var nattmörkret fullständigt kompakt. Min banda låg långt ifrån Tores och Odd-Eriks, det var kusligt och jag kände mej osäker. Minnena från natten med flodhästen gjorde sej påminda, och vad fanns här i djungeln? Elefanter? Men detta var stenhus, och det fanns i alla fall elektriskt ljus. Jag tänkte nästan be Ally att dela bandan med mej, men det kunde missförstås, och jag måste klara detta själv.

Vi gick ned till serveringen och åt middag. Det kändes lite bättre, där fanns andra människor. Intill hörde vi musik. Det var en dansuppvisning från byn som hölls för en grupp spanjorer. Musiken och danserna var fantastiska, de sjöng i stämmor, jag filmade.

Sen satt Tore, Odd-Erik och jag och drack waragi på deras veranda. De följde mej hem med ficklampor. På natten vaknade jag och visste inte var jag var, men jag var inte längre rädd. Allt som hördes var en fågel med ett metalliskt läte.

Jag vaknade tidigt och lyssnade på ljuden: fåglar och grodor. I dagsljuset var det rätt behagligt och nattens fasor var borta. Jag gick med de andra till frukost, spansk omelett och kaffe kokat med mjölk och kryddor. Inte heller bokningen av den guidade turen Primate Walk hade fungerat, och nu var den full. För att inte störa schimpanserna tillåts inte alltför stora grupper. Medan vi väntade på nästa tur promenerade vi till en trädhydda med utsikt över ett vattenhål, och där klättrade vi upp.

Där kände jag en fruktansvärd smärta i foten, det kändes som en glödande nål och jag skrek. Det var den djävulska jättemyran som tagit ett kraftigt bett genom huden.

Reservatchefen, en före detta militär, var barsk men hygglig, och på förmiddagen kom vi iväg på nästa tur, med guiden Moses. Vi gick ungefär en timme i medelsvår terräng. Några svartsvansade apor skymtade otydligt. Så kom en grupp schimpanser, en hona, en hanne och en unge. Först flimrade de bara förbi, men vi gick runt ett snår och såg hannen sittande i ett träd. Moses hade gett oss noggranna instruktioner om hur man beter sej om en schimpans anfaller: inte visa rädsla, stå stilla, inte springa etc. De tror vi är starkare än de eftersom vi är större; om vi visar rädsla blir de förvirrade och oförutsägbara.

Men den här schimpanshannen anfaller inte. Med sitt uttrycksfulla ansikte är han så gripande. Han kalkylerar om han ska gå ned eller ej. Han betraktar oss, sen vänder han makligt ryggen mot oss och pinkar. Urinen strilar ned över löven. När han är färdig vänder han sej åter lika makligt tillbaka mot oss. Efter en halvtimme bedömer han oss som ofarliga, klättrar ned och försvinner snabbt.

Varför vände han sej bort för att pinka? Har han några begrepp om diskretion? Hur lika är vi? På senare tid har man funnit att den västafrikanska diamantmarkattan har avancerade röstorgan, enligt Journal of Human Evolution. När utvecklades det mänskliga talet? När skildes våra vägar? Frågorna hopar sej.

Vi gick tillbaka på en större väg med 4–5 meter högt elefantgräs. Moses ringde på mobilen till Ally som kom och hämtade oss. Vi körde söderut till Kasese där vi åt sen lunch. Tore och Odd-Erik satt på Travellers Inn, medan jag gick med Ally till Lindas restaurang, ett trevligt ställe. Jag tog matoke, ugali, ärtor i tomatsås, avokado. Jag uppskattar verkligen Allys sällskap, eftersom han tagit mej till ställen jag kanske inte annars kommit till. Vi pratar mycket, vi trivs tillsammans och han har hjälpt mej få ut så mycket av turen.

Mweya Camp
Vägen var otroligt dammig. På en liten marknad köpte vi passionsfrukt av några kvinnor som hade dukat upp sina grönsaker och frukter längs landsvägskanten. Och så passerade vi ekvatorn och måste förstås låta oss fotograferas vid vägskylten. Till sist var vi framme vid Mweya Camp i Queen Elizabeth National Park där vi skulle bo. Då, precis då, gick jeepens bromsar sönder.

Mweya Camp är ett vandrarhem med en enkel kantin. Det var prydligt, vi fick en hel avdelning med två rum, hall, badrum för oss själva. De har en halvtam elefant där, Mary. Hon är troligen skadad och utstött av sin hjord. I kantinen var det otroligt mycket småflugor; jag smorde in mej med myggolja, vilket ledde till att flugorna halkade i den och bildade en geggig smet. Tore och Odd-Erik gick till den närbelägna tjusiga Mweya Lodge och åt middag, men det var lika mycket flugor där. Själv tog jag en öl i baren och pratade med ett tyskt par, där mannen arbetar i Rwanda. Sen tvättade jag alla mina smutsiga kläder, det är alltid så avkopplande; jag tycker om att plaska med vatten och få rena kläder.

Nästa morgon hängde jag tvätt. Utanför promenerade vårtsvin och storkar. På Visitors Centre bokade vi båtbiljetter till eftermiddagen och tittade på deras informativa utställning. I shopen köpte jag vykort och ett vackert armband i svart läder, med en liten kaurisnäcka och glaspärlor. Vi tittade in i Mweya Lodge, som har en otroligt vacker inredning i mörkt trä och gröna växter. Hela små mungofamiljer tassade omkring utanför. I hotellets shop köpte jag en bedårande liten spegel med en vindögd leopard och en oemotståndlig dress med palm- och blommönster.

Lunchen, matoke och stuvade grönsaker, åt vi på en liten restaurang, Tembo Canteen, betydligt enklare än Mweya Lodge men med lika vacker utsikt över Lake Edward. (Varför har alla sjöar och vattenfall engelska namn, fast jag vet svaret.) Runt omkring bor parkskötarna med familjer.

Vi gick den branta stigen ned till båten Simba (som betyder 'lejon'). Med den hade vi en underbar tur uppför Kazinga Channel med massor av djur vid stranden; flodhästar, bufflar, elefanter, pelikaner. Den kunniga guiden förklarade och berättade. Jag fotograferade inte så mycket, eftersom jag redan tagit det mesta. Bredvid mej satt en svart kvinna från USA med två vuxna döttrar. De hade just anlänt till Afrika, och hon var vild av entusiasm. Vi bytte plats så hon skulle kunna filma. Jag har blivit lite blasé.

Efter återkomsten tog vi en drink på Mweya Lodge, jag en illturkos Hippo Dream, flodhästdröm alltså, det kunde ju passa. Därifrån betraktade vi den underbara solnedgången. Ally och jag åkte bort till Tembo Canteen, eftersom han hört ett lejon där, men nix vi såg ingenting.

Upp i bergen till Kisoro
Jag vaknade ånyo av ett lejons rytande, alldeles intill. Jeepen var hjälpligt lagad, vi lämnade Mweya med saknad, det hade varit så mysigt där. Fortfarande inne i Queen Elizabeth National Park såg vi några hyenor och en rolig fläckig get, men gräset var bränt (avsiktligt?

vådeld?), och det fanns inga andra djur. Vid Katunguru Gate, östra utfarten, köpte Tore en träskulptur med ett uttrycksfullt ansikte, mycket vacker men tung! Vi stannade vid den vackra ravinen Kyambura Gorge. Det var så vemodigt och fridfullt där. Nu började det verkliga banan-bältet, och överallt såg jag bananodlingar och banantransporter, gröna jättestora stockar på cykel. Vid vägkanten köpte jag en klase som jag la i vindrutan, och så började vi sjunga alla fyra.

Sen började besvärligheterna. Jeepens bromsar krånglade igen, och i Ishaka måste vi till en verkstad. Medan vi väntade köpte Tore och jag en gröngulmönstrad kanga som vi delade rätt av till var sin bordduk. På Homeland Restaurant åt jag en god lunch, ris med broccoli och jord-nötssås.

Reparationen drog ut på tiden, och tillsammans med ett antal missförstånd blev stämningen mycket irriterad. Men de roliga bil-mekanikerna lättade upp stämningen. Så kom vi äntligen iväg. Det var en mycket dålig väg över Kitagata och Kagamba. I Ntungamo blev det bättre, det är stora huvudleden till Kampala. Slutligen kom vi till Kabale där vi rapporterade oss till distriktskontoret för Uganda Wildlife Authority. Vi var sena, de skulle försöka kontakta kontoret i Nkuringo. För säkerhets skull fick vi ett mobilnummer att anmäla oss till. Vi försökte ringa men det saknades täckning i bergen.

Vi vek av västerut, vägen blev förfärlig, och nu var det dessutom mörkt. Vi segade oss upp i bergen på hårnålskurvor över hisnande stup. Plötsligt kom Ally på att han i upprördheten under dagens stress med bromsar och bråk hade glömt att tanka, och nu var tanken nästan tom. Verkligen snyggt! Bensinstationer kunde vi glömma. Lyckligtvis hade Ally kontakter, en man sålde smuggelbensin från Rwanda. I en liten mörk by bytte en dunk ägare.

Till sist var vi framme i Kisoro, bara fem kilometer från gränsen till Rwanda. Där tog vi in på Travellers Rest, bokningen hade fungerat och vi fick ett rum för tre. Det var nog det flottaste hotell vi bott på hittills. Egen toa och dusch hade vi ju haft tidigare, men här var golvet täckt med fräscht ljust kakel. Den trevliga managern var nederländska, hon välkomnade oss med apelsinjuice och berättade att Dian Fossey, forskaren som kämpade för bergsgorillorna, brukade bo där. Jag fick låna hennes vandringskängor för morgondagen, managerns alltså. Alla pustade ut efter den psykiskt ansträngande resan. Ingen hade ätit lunch utom jag, och Ally, som kört, hade inte ens ätit frukost.

110

På natten vaknar jag och tänker att i morgon är dagen inne, nu ska jag få se mina gorillor. Jag har drömt om det i tio år, minst.

Gorillor!

Efter 1 ½ timme på nya hårnålsvägar kom vi fram till Nkuringo i Bwindi Impenetrable National Park, ytterligare en nationalpark på UNESCO:s världsarvslista. Där väntade oss en liten expedition, kontakten hade fungerat. Jag hade haft ett mardrömsscenario där gruppen gett sej iväg utan oss och där allt var kört, och dyrt hade vi betalat. Men egentligen var jag aldrig orolig, saker brukar ordna sej, särskilt i Afrika. Och här var det bara vi tre, visade det sej: Tore, Odd-Erik och jag. Vi välkomnades av guiden Medi, som berättade att gorilla-gruppen redan var spårad. Vi fick strikta förhållningsorder: inte gå närmare än fem meter, inte prata högt, inte hosta, inte mata djuren, inte använda blixt, inte spotta, inte röka. Om man måste skita måste det grävas ned etc. Vi försäkrade att vi var fullt friska, fast Tore var förkyld.

Allt som allt bestod expeditionen av två spårare med mobil och GPS, en guide, tre bärare och fyra soldater med automatvapen, och så vi, det är inte konstigt att det är dyrt. Soldaternas närvaro är befogad; för några år sen ägde det rum ett brutalt överfall av en expedition där deltagarna blev mördade av rebeller. Det är inte djur som är farliga utan människor. Det där lät ju lite skrämmande, och jag kunde inte låta bli att fråga:

– Kan det hända igen?

Dum fråga, vad väntade jag mej för svar?

– O nej, nej, naturligtvis kan det inte hända igen, skyndade sej alla de inblandade att försäkra.

Nej det får vi hoppas. Fast vad hade de då automatvapen för? Och så satte vi av. Det var en stig längs berget i stekande sol, hela tiden nedåt. Det pågick ett vägbygge, män och kvinnor gick och hackade för hand, grovt kroppsarbete, kvinnorna med barn på ryggen.

Stigen blev smalare och smalare och brantare och brantare, och det var hett. Jag oroade mej lite för tillbakavägen uppåt men sköt tanken ifrån mej. Medi visade oss spår efter djuren, brutna kvistar, ett nattrede, fotspår, tecken som jag aldrig hade upptäckt. Men så var jag ju ingen guide heller.

Efter två timmar är vi framme, spårarna har gått i förväg och lokaliserat gorillorna. Hjärtat bultar. Vi går in i en glänta. Bara fem människor får gå in, vi tre och två soldater. Det är storslagna djur. Vi ser några mycket tydligt, svarta stora hannar, på 5–6 meters håll. De rör sej makligt, granskar oss, sitter en stund. Men något bra foto fick jag inte.

Sen gömmer de sej i ett snår. En unge svingar sej och har roligt i en gren. Det surrar massor av flugor. Det är en sällsam upplevelse.

Vi har en timme på oss. Den sista kvarten ser vi ingenting, bara myriader av flugor. Resignerat går vi tillbaka till de andra, det är slut. Vi går tagna, tysta. Men det är inte så att den som en gång mött en gorillas blick aldrig mer blir densamma. Nej då. Kanske blev jag mer tagen av schimpansen igår. Men i alla fall.

Vi åt av våra lunchpaket: bröd, frukt, massor av vatten. Men när vi skulle gå tillbaka dröjde det inte länge förrän jag kollapsade. Jag drabbades av något matthetssymptom och kunde bara gå tio meter i taget. Jag ville bara sätta mej och dö. Esaias, en bärare, tog mej i handen, Tore gav mej citronte och Medi en karamell. Odd-Erik såg till att alla tog en ordentlig paus. Annars var det så att alla väntade på mej, och när jag hunnit ifatt började de gå igen, och på så sätt fick inte jag någon paus. Medi uppmuntrade mej, han hade otroligt harmonisk inverkan på mej, så att jag psykiskt kunde klara det.

Egentligen undrar jag vad som hände, det var inte speciellt varmt, kanske 25 grader, mulet. Jag har ansträngt mej mer vid andra tillfällen, till exempel när jag vandrade på Pulau Tioman i Malaysianx i 30 graders fuktig värme. Men detta var över 2000 meter, kanske något slags höjdsjuka? Jag skämdes förfärligt i alla fall.

Efter tre timmar var vi uppe, klockan var fyra. Medi höll tal, vi fick diplom, Gorilla Tracking Certificate. Det sitter numera i min hall. Jag tycker verkligen jag har förtjänat det. Alla ställde upp sej för en storslagen gruppfotografering. Den hade onekligen något av David Livingstones expedition över sej, fast deras vägvisare hade inte mobiler och GPS förstås.

På tillbakavägen var vi alltför utmattade för att orka prata. Ally försökte men gav upp. Hemma låg vi på sängen utslagna. På kvällen kvicknade vi till och åt middag, och efteråt satt vi i det rustika och trivsamma sällskapsrummet vid brasan och drack öl. Jag pratade med några nederländare och visade dem min fyra minuter långa videofilm. De menade att jag haft tur, själva hade de hela tiden gått bakom gorillorna och bara fått med deras bakdelar.

Masai Mara
National Park,
Kenya

Kampala centrum, Uganda

"Matatagropen", Kampala, Uganda

Padzao (Murchison Falls), Uganda

Nilenbåten Simba, Murchison Falls, Uganda

Danstrupp, Kibale National Park, Uganda

Mindre tydlig gorislla, Bwindi, Uganda

Gamla stan, Mombasa, Kenya

Diani Beach, Mombasa, Kenya

Tåg Mombasa–Nairobi, Kenya

Hemma med alla mina prylar

Bananbältet

På morgonen tog vi det lugnt, jag fotograferade den smakfulla inredningen i hotellets matsal, reception och bar och lovade skicka till managern för hotellets hemsida. Vi gick en aning stelt.

– Igår rörde vi oss som gaseller, idag som flodhästar, sa jag till Tore. Men jag måste ordna pengar. Hotellet tar bara kontanter. Banken i Kisoro accepterar inte resecheckar och förresten var den stängd. Jo men vänta, jag hade en tiopundssedel. Den försökte jag växla hos en indisk växlare, men han vägrade också, sedeln var lite trasig. Det var då också som förgjort! Hur kan man vara så pank när man har ett bankkonto?

Jag betalade rummet och middagen med mina sista dollar. Ally ville iväg, han menade att det var riskabelt så nära Rwanda. Nu fick vi se den storslagna naturen i dagsljus. Vi körde längs de slingriga vägarna, stannade ibland och fotograferade. Här och där gick kvinnor med tung packning på huvudet. Möten med andra fordon rev upp moln av damm. Snart var både jeep, människor och bagage täckta av det kletiga röda dammet. Resan blev hemskt jobbig, hur hade Ally klarat det i mörker??

I Kabale lyckades vi växla in resecheckar. Men kursen var usel, så vi växlade bara så att det räckte till bensin till nästa stad, vi hade inte ens det.

Efter en lunch med curry och chapati, där vi bjöd Ally som tack för all hjälp, körde vi vidare till Mbarara. Nu var vi nere på låglandet, och vägen var asfalterad. I Mbarara hade de ATM, och nu kunde vi äntligen ta ut en större summa. Detta var banandistriktet, vi passerade oändliga bananodlingar och körde om långtradare, pickup-lastbilar, cyklar och kärror lastade med bananer. Bananbältet ja. Vi kör och kör och kör. Vid 18-tiden i Masaka fick vi problem med jeepen igen och stannade på en verkstad. Återstoden av vägen var en enda raksträcka, och så var vi plötsligt framme i Kampala. Då hade vi rest i tolv timmar.

Det var svårt att hitta hotell, det vi hade tänkt oss var fullt, och det var otrevliga kvarter. Till sist fick vi rum på Central Regency Hotel, ett prydligt mellanprishotell, centralt. Vi tog storstilat adjö av Ally och tackade för oss. Vi har upplevt en hel del tillsammans och kommer att sakna honom. Jag skulle komma att träffa honom en gång igen. Men nu var jag så trött att jag nästan svimmade. Det var så otroligt skönt att komma till ro, bada. Allt som allt hade safarin varit 2460 kilometer. Jag kunde ändå inte somna utan tittade igenom alla mina foton i digital-kameran.

På natten ligger jag och tänker på allt vi sett och upplevt, på variationen i natur och kultur, och sen tänker jag på hur Afrika uppfattas av stora delar av mänskligheten. Som befinner sej utanför Afrika alltså. Jag skrev om detta i kolumnen Sesam redan 1994, två år efter mitt första besök.

Synen på Afrika

Synen på Afrika har granskats av Mai Palmberg i boken *Afrika i skolböckerna. Gamla fördomar och nya.* Det har skett en viss förbättring. Gamla rasistiska koloniala beskrivningar har ersatts av nya, någorlunda nyanserade. Dynamiska samhällen. Men att den gamla förringningen och ihopklumpningen lever kvar i vårt medvetande får många bittert erfara. Jag bodde en tid granne med en kenyansk författare i Lund, Duncan Caruggah, som uttryckte sin irritation över att alltid beskrivas som "afrikan" i recensioner och dylikt. Från Afrika är han visserligen, liksom nobelpristagaren Naguib Mahfouz. Men det skulle vara som att alltid hänvisa till Somerset Maugham och Alexander Solsjenitsyn som "européer". En underspecifikation. Maugham är engelsman, och Solsjenitsyn är ryss, eller hur. Och Caruggah är kenyan, och Mahfouz är egyptier. Vi skrattar åt personer från USA som åker till "Europa" på semester, men själva gör vi likadant med "Afrika" utan att darra på manschetten.

Åsså ställer jag mej tvivlande till filmtitlar som *Mitt Afrika* som visserligen har en ljus syn på kontinenten men uppenbarligen generaliserar utifrån ett eller två länder. Tänk om en kenyan bosatt sej i Italien och skrivit en bok eller gjort en film med namnet *Mitt Europa*.

Och hur uppfattas etniska konflikter? Inom Europa kallas de just "etniska konflikter" eller "inbördeskrig", medan när det gäller Afrika kallas de "stammotsättningar". "Stam" är ett mycket märkligt ord. Den ugandiska samhällsvetaren Mahmood Mamdani har ställt frågan: "Vad är det som gör att 4 miljoner norrmän är ett folk och lika många baganda en stam? Eller som gör att några hundra tusen islänningar är ett folk och 14 miljoner hausa-fuladi en stam?" Att ett folk är erkänt som nation, har nationell status, är inte hela förklaringen. Polackerna levde kvar under hela sin delning 1795–1918 med sin identitet som folk, trots att de saknade nationell status. Och vem skulle våga kalla flamländarna för "stam"? Men med afrikaner är tydligen allt tillåtet. Dock, den kenyanska dagstidningen Taifa Leo ger igen med samma mynt och rapporterade 1994 om "stamkriget" på Balkan!

Tror man att alla afrikaner lever i djungeln? Afrika är inte bara djungel och savann. Det är också småstad och storstad med höghus, universitet, utmärkta tåg-, buss- och flygförbindelser, fungerande infrastruktur. Fyrkantiga byggnader i Europa kallas hus, men runda byggnader i Afrika kallas hyddor. Ja.

Det har förekommit krigshandlingar mellan länder i Afrika, och det har förekommit kommentarer om att de inte kan "hålla sams". De slåss mot "sina egna" (= andra afrikaner). Det är ungefär som att säga att européer inte kunde "hålla sams" under andra världskriget, att engelsmän slogs mot "sina egna" (= andra européer) när de försvarade landet mot den tyska invasionen. Det skulle vara som att säga att när sovjetiska tanks gick in i Prag 1968 slogs tjecker och slovaker mot "sina egna", det vill säga andra vita, andra européer, andra slaver. Nej det går ju inte.

Varför kräver man större pacifism av folk i Afrika? Det har utspelat sej folkmord, men situationen är oerhört mycket mer komplicerad än att bara hålla sams.

Har vi förundrat oss över motsättningar mellan personer från olika afrikanska länder? Kikuyuer yttrar sej nedsättande om massajer, tanzanier om zambier. Det är beklagligt, men det är inte mer beklagligt än att engelsmän yttrar sej nedsättande om fransmän, tyskar om polacker, skåningar om stockholmare och tvärtom. 'Allo 'allo 'emliga armén, det kan bli riktigt kul nöjesprogram.

Varför förväntas större solidaritet mellan olika länder inom Afrika eller ens mellan olika folk inom samma land? Att ha varit koloniserade ger ingen automatisk grund för solidaritet. Det kunde vi se i Sovjetunionen när Moskva miste greppet. Allt gammalt groll kom upp till ytan. Det gamla nationsbegreppet föll sönder. Många stater i Afrika är unga, och med tanke på att deras gränser dragits av kolonialmakterna, ofta rakt igenom ett folks traditionella bosättning, kommer det att krävas lång tid av stabilisering. Länderna i Europa har ju använt många hundra år till att stabilisera sej som nationsstater, och ändå ägde den senaste stora omfördelningen rum så sent som 1939–1945.

Afrikansk identitet, finns inte den då? Runt om i Sverige pågår afrofestivaler, det talas om afrofrisyr och afromusik. Visst kan det finnas behov av att uttrycka positiv gemenskap. I Europa talar man ju om europeiska konstriktningar. Inom EU talas det ofta och mycket om den europeiska identiteten. Men en sån frihet måste vara frivillig från de berördas sida och inte en tvångströja/ihopklumpning från utomstående.

Ämnet kan ventileras både länge och väl. Någon gång skulle man också kunna filosofera över varför indianer kallas indianer. Själva kallar de sej navajo, cherokee, quechua, guarani. Det enda gemensamt de har är uppenbarligen att de levde på den kontinent som Columbus trodde var Indien. Miljontals människors benämning beror på en europés misstag. Men det är en annan historia.

Saturday night fever

Nästa dag gick Tore till Speke Hotel, Odd-Erik och jag till ett köpcentrum i östra Kampala, Garden City. I en fotoaffär där lät jag bränna en CD av mitt minneskort, jag litar inte på min kamera, den kan paja igen. På centret fanns en konsthantverksbutik, Banana Boat, och där köpte jag en träram i de vackra jordfärgerna och prylar till köket i svartvitt målat ben som mitt halsband. De hade så många vackra saker där, lite dyrare, men man kunde ströva omkring och titta hur mycket som helst. Det kan bli lite stressigt att handla i vanliga marknadsstånd.

Det började hällregna, så vi tog en taxi till Speke Hotel. Tillsammans med Tore åt vi samosa till lunch. Jag kände att jag inte orkade med folkmyllret efter friden på landet, så jag stannade på hotellet, pysslade och tvättade. Plaska med vatten igen. På kvällen åt vi middag på före detta Nile Grill, numera The Canaan Restaurant. Jo vi kände nog igen oss, jag mindes den vita järngrinden. Där åt jag den godaste fisk jag någonsin ätit, sprödstekt, som hälleflundra, med citronsås.

Det var lördagskväll, vi gick krogrunda. På Speke spelade ett band, Dynamic Adungu Cultural Troupe. Jag var fascinerad av instrumenten, ett harpaliknande, flöjt, steelband, av den mjuka musiken och av artisternas personliga framföranden. Sånger på swahili, luganda, engelska och franska. I pausen pratade vi med ledaren, Jimmy Adokwunu. Han skriver musiken själv och försöker kombinera modern musik med traditionell. Jag köpte deras CD, den är en av mina klara favoriter hemma. (Särskilt nu när jag skriver detta kapitel har jag satt på den.) Runt omkring oss i Speke bar pågick raggning av och mellan båda könen. Det började bli jobbigt, vråldisko och grövre prostitution. Vi tog en öl, Tore dansade, vi stannade en stund, gick hem.

Kasubi Tombs i repris

I en söndagsöppen bokhandel köpte jag några språkböcker och började titta på luganda. På Speke övade jag mej på servitören som tyckte det var trevligt. Tore, Odd-Erik och jag gick västerut och försökte hitta vårt gamla Gloria Hotel. Först trodde vi att vi hittat rätt, vi kände igen oss delvis. Vi träffade en gäst från USA och fick titta från hans rum. Men har de gjort om balkongerna och byggt om vägen utanför? Vi blev osäkra. Och nu, när jag är hemma och jämför med de foton vi tog då ser jag att det omöjligtvis kan vara samma hotell. Synd.

Nu gör vi en utflykt till det kungliga mausoleet Kasubi Tombs. Det är lika imponerande som tidigare, tänk ändå att jag är här igen. De tolv åren försvinner, jag står på den öppna gården igen och betraktar den enorma byggnaden, storheten som vägrar låta sej inordnas i någon kameralins, det ser precis likadant ut som sist. Sen sist har Kasubi Tombs uppförts på UNESCO:s världsarvslista.

Vi sitter inne under det höga svala taket och lyssnar på guiden, det är så fridfullt här. Jag lägger en liten donation och fotograferar ännu en gång den uppstoppade leoparden. En kvinnlig kungaättling, som alltså tillhör bagandadynastin, sitter och flätar band och mattor. Vi pratar, hon är mycket vänlig men tillåter inte fotografering. Vi pratar, och hon bjuder på "brew", jäst banandryck med malt.

Gott men starkt, vi vinglade ut och åkte tillbaka till Kampala. På African Craft Village, en samling små butiker med hantverk i närheten av parlamentet, nationalteatern och Radio Uganda, förlorade jag mej. Tre par örhängen blev dagens skörd. Därifrån var det inte långt till Akamba busstation, där vi köpte biljett till Kericho till följande dag. Vi kunde också konstatera att taxichauffören tagit till priset i överkant den första kvällen. Så förfärligt långt var det ju inte. Men så är det att komma första gången till en ny plats, man saknar kunskap och för-handlingsläge.

Uganda, Baganda ...

Uganda, Baganda, Buganda, Luganda: Ganda eller Baganda syftar på den största etniska gruppen. Buganda – 'gandernas land' – är deras ursprungliga land, regionen kring Kampala. Uganda är stadsbildningen. Luganda – 'gandernas språk' – är det officiella språket. Roten är "ganda" alltså. Bantuspråk brukar konstrueras på det sättet: Swahili–Kiswahili; Tswana–Botswana–Setswana.

117

Sista dagen i Kampala

Måndag. Alla tre gick till bilfirman och lyckades faktiskt få lite pengar tillbaka, för otydligheter och förseningar. Det var Tores förtjänst.

I centrum satt en tant på gatan och sålde små knyten med kaffe inslaget i bananblad för en krona styck, jag köpte många att ha som minipresenter. Vid middagstid återsåg jag Ally, och vi åt lunch på Kula Kula, väster om stan. Det var hans födelsedag. Han visade mej en supermarket, Shoprite Shopping Complex. De har verkligen allt, men säkerhetskontrollerna är rigorösa, med röntgenbågar som på den värsta flygplats.

Vi skildes vid hotellet. Den sista eftermiddagen ville jag vara ute och njuta av folklivet, så jag gick till Pioneer Mall, arkaden som bland annat inrymmer Lotus Internet, och där fick jag äntligen iväg några mejl.

```
Hej alla vanner!

Antligen har jag fatt ro att satta mej och skriva
ett resebrev fran Ostafrika. Forst var jag i Kenya
och Nairobi dar jag sag ett giraffcentrum, besokte
ett barnhem mm. Anne, jag tog nagra foton, men
kameran pajade just da. Daremot besokte jag INTE
Karen Blixens hus. Jag tycker lixom inte att det ar
sa viktigt vad europeer har gjort i Afrika, det ar
betydligt intressantare att mota landerna och
kulturerna som de ar. Vi tog en lang utflykt,
safari som ju betyder resa pa swahili, i fem dagar
till Masai Mara. Dar sag vi alla tankbara vilda
djur, eleganta giraffer, pigga zebror, troga
bufflar, maktiga elefanter, lata lejon. Vi bodde i
talt eller i sma hus. Vi blev inbjudna till en
massajby dar man visade sina hem och berattade om
sina traditioner. Jag har lart mej halsa och tacka
pa bade swahili, massaj och luganda!

Vi gjorde en 12 timmars bussresa till Kampala i
Uganda. Jag var har 1992, och staden har forandrats
otroligt. Den slitna krigsdrabbade staden har
ersatts av en modern storstad med hoghus, mobiler
och annat av moderna valsignelser. Och
internetcafeer, alltsa sitter jag har. I Uganda
gjorde vi en 8 dagars resa runt till Murchison
Falls eller Padzao som vattenfallet heter pa luo.
Det betyder Andlig plats, och andlighet var just
vad jag kande nar jag satt och tittade pa
vattenmassorna. Sen gjorde vi en battur och sag
```

flodhastar och krokodiler. Vi var i Queen
Elizabeths National Park, Bwindi mm. Pa en
campingplats spatserade det en halvtam flodhast pa
natten! I Kisoro sag vi schimpanser. Hojdpunkten
var en gorilla-trekking dar vi kom 5-6 meter fran
de imponerade djuren. Trekkingen var jobbig, men
som beloning fick vi ett diplom. Naturen var
svindlande vacker. Jag har ocksa traffat en massa
trevliga manniskor, kikuyuer, massajer, lugandier,
ratoruer, araber och andra, tagit en massa foton,
handlat en massa souvenirer.

Harnast aker vi tillbaka till Nairobi, och darifran
troligen med tag till Mombasa. Dar ska vi
tillbringa nagra lata dagar, sa att jag far
anvandning for min baddrakt. Vadret da? I Masaj
Mara fros jag som en hund, atminstone pa natterna.
Endast i norra Uganda var det sa dar riktigt varmt
man vantar sej. Bade Uganda och Kenya ligger pa
ekvatorn, men hogt i bergen.

Jag hoppas ni alla har det bra och att vi ses nar
jag kommit hem. Tills vidare sager jag: Kwa heri!

Ann

Bredvid internetcaféet upptäckte jag en bedårande restaurang, Oasis. Inredningen innehöll prunkande blommor och gröna växter, och på väggarna, både på restaurangen och i den omgivande arkaden, var vackra väggmålningar och dekorationer i harmoniska jordfärger, bilder som föreställde stiliserade människor och djur i naturlig storlek.

Nu närmade jag mej Constitutional Square och hörde tal. Det var en stor folksamling med ett väckelsemöte; två predikanter talade växelvis i rasande fart, en på luganda och en på engelska, om djävulen, synd och förlåtelse. Jag stod länge och lyssnade. Skulle jag våga filma? Antingen blir folk smickrade eller så lynchar de mej. Men faktum är att de knappt märkte vad jag gjorde. Församlingen befann sej i trans; många vaggade från sida till sida.

På kvällen avskedsmiddag på Grand Imperial Hotel, Coffee Shop, stället med ormbunkarna och glasfjärilarna.

Mombasa, Kenya

Tedistriktet Kericho

Nästa morgon stod vi redo vid Akamba busstation. Vi fick samma buss som sist, jag kände igen registreringsnumret. Den avgick åter punktligt sju. Första delen sov jag. Klockan tio var vi redan framme vid gränsen i Busia, jag for upp yrvaken. Tullformaliteterna tog sin lilla tid, men vi behövde inte betala nytt visum. Kenya, Uganda och Tanzania ingår i en pass- och tullunion. Jag behövde på toa men hade just lämnat ifrån mej alla ugandiska småpengar och hade inga kenyanska. Då är man lite ställd. Den snälla vakten lät mej gå in gratis.

Halv ett tog vi lunchpaus i Kisumu. Nu hade jag fått ett stamställe (tre gånger räknas väl?), den lilla trevliga serveringen. Utanför grillades kycklingspett som spred en oemotståndlig doft. Inne hördes muslimsk bön på en bandspelare.

Vid tvåtiden stannade bussen vid en Caltexmack i Kericho. Detta är hjärtat i tedistriktet. Gutterne tog in på det eleganta Tea Hotel och jag på mellanprishotellet Kericho Gardens. Mitt var alldeles bedårande, målat i vitt och turkos, men det luktade illa från toaletterna. Alla rum har namn på länder, mitt heter Somalia. Många människor här ser förresten ut som somalier, jag fick veta att de är oriya, ett närbesläktat folk. Från Kericho kunde vi se ut över de vidsträckta teodlingarna överallt. På eftermiddagen började det vrålregna, vattnet rann i strida strömmar längs vägen, och jag fick hoppa mellan pölarna.

På kvällen åt vi middag tillsammans och tog ett glas papayavin i baren. Nu var vi tillbaka i Kenya, högt uppe i bergen, och det var kallt.

Nästa morgon vaknade jag efter konstiga drömmar. Frukosten var riklig med korv, stekt ägg, bröd, te förstås, men jag var tydligen sen, för jag var alldeles ensam i matsalen. Jag gick förbi hotellets gräsmatta med de roliga zebrarandiga trädgårdsmöblerna ned till Caltexmacken för att få information om Akambabussarna till Nairobi, de går en gång i timmen. Det finns också andra bussbolag och matatur, det verkar som om man bara kan hoppa på en buss. På Tea Hotel fick vi kontakt med en man, Mr Naftal, som erbjöd sej att visa teodlingarna mot en mindre ersättning. Han var mycket trevlig och körde oss runt med bil till fält med plockare, deras vita bostäder som lyste på sluttningarna, fabriken där man torkar teet med vedeldning av blågummi och där man packar teet, shopen där man kan köpa färdigt te.

Vid ett-tiden var vi tillbaka vid Caltexmacken. Utanför gick en man omkring och sålde rostade majskolvar på höga spett som han räckte upp till busspassagerna. Jag köpte en majskolv som jag åt på bussen. Hela vägen halvsov jag och minns inte så mycket. Kl. 18 var vi framme i Nairobi.

Hur skulle det nu bli? Vi hade tänkt att kanske kanske kunde vi komma iväg till Mombasa redan ikväll. Men vi visste inte om tåget skulle gå alls idag, och inte vilken tid. Vi visste inte ens om vi skulle åka till Mombasa. Kenya har blivit osäkrare. Safariresorna till norra Kenya, där vi var förra gången, är redan inställda, och vi har hört rykten om att Mombasa är riskabelt. Åter andra som kommit därifrån försäkrar att det är så lugnt så. Ally har ibland körningar dit och säger samma sak. Så då blev det så.

Vi kastade oss i en taxi till järnvägsstationen, och otroligt nog fick vi biljetter till Mombasaexpressen. Den skulle gå redan samma kväll. Om en halvtimme.

Vi hann!

Medan vi väntade på avgång promenerade jag på perrongen, köpte två bullar och pratade med en vit kvinna från Sydafrika som reser ensam runt i Afrika. Det var så roligt att stå där på perrongen och vänta på tåget. Jag tycker mycket om tåg, den speciella stämning som råder på perrongen före avresa och sen tågets dunkande genom natten.

Tåget gick långsamt och stannade ofta. Gutterne och jag delade kupé. De gick till middag i restaurangvagnen. Jag var inte så hungrig och hade ingen lust att lägga pengar på en trerättersmiddag. Men efteråt kom jag på att jag faktiskt bara ätit en majskolv sen frukost. Jag tog en bulle, torr. När gutterne kom tillbaka berättade de lyriskt om den eleganta serveringen och hur personalen varit trollkarlar i organisation. Sen hade vi just ingenting att göra än att lägga oss på våra britsar. Jag sov dåligt, tåget stannade ofta och något smällde högt varje gång. På natten blev det ordentligt kallt. Jag svepte om mej i princip alla kläder jag hade.

Mombasa by the sea

Nästa morgon gick jag tidigt ut i korridoren och beundrade det gröna landskapet tillsammans med några andra morgonpigga passagerare. Tåget körde genom Tsavo nationalpark, men vi såg inga djur utom några zebror. Kl. 8.30 rullade vi in i Mombasa. På mindre än ett dygn hade vi kört genom hela södra Kenya. Om vi inte hade gjort uppehåll i Kericho hade vi åkt mellan Kampala och Mombasa på ett dygn. Den tropiska värmen slår emot oss. Nu är det slut med det central-afrikanska höglandets kyla! Vi åker genast till vårt gamla hotell, New Palm Tree Hotel på Nkrumah Road. Det är ännu vackrare än jag minns, och det bästa av allt: Förra gången hade jag bara råd att bo där en natt, nu kan jag bo där hela tiden. Vi får rum på andra våningen, med valv utåt den öppna gården. Harmoniska linjer i arabisk design.

På stan hörde vi oss för om olika resor och utflykter. Vi gick längs Nkrumah Road som byter namn till Moi Avenue. På caféet Le Bistro firade vi återkomsten med en läsk, vid de stora modellerna av elefant-betar som är Mombasas kännetecken och som vi mindes så väl. För säkerhets skull gick vi till stationen och köpte biljett tillbaka till Nairobi för tisdag kväll. Sen gick vi runt och försökte spåra våra gamla vatten-hål. Vi kom till en servering, kanske var det vårt gamla New Splendid Café, men i så fall var det mycket förändrat. Där åt vi lunch, grönsaker i curry med gott nan till. Min lilla bordell, New Britannia på Gusii Road, hittade vi aldrig. Mina sandaler gick sönder igen, och jag lyckades få dem lagade av skomakare i ett gathörn igen.

På Moi Avenue var det lite otrevlig atmosfär med försäljare, bond-fångare och illegala växlare. Från en moské hördes bön. Undrar om jag träffar på Mate, han skulle till Mombasa, men han har väl åkt hem redan. Jag gick in i Gamla stan, där rådde siesta och det var nästan folktomt, men jag kände mej inte väl till mods i mitt ärmlösa linne. I slutet av promenaden var jag framme vid Fort Jesus, men där opererade också många fixare och försäljare. Det var bökigt, så jag gick till hotellet och vilade, slumrade till och med.

På kvällen gick vi ut tillsammans och försökte hitta en restaurang som Tore hade nys om, men vi hamnade bara på mörka olustiga gator. Till sist gick vi till Afro Café på Moi Avenue, som jag snabbt utsåg till min favorit. Avokado i vinägrettsås och kyckling i pepparsås. Hemma på hotellet fick jag en liten present av gutterne, en portionssnaps! I Uganda säljer de nämligen waragi i plastpåsar på 6 cl! Kan inte Systembolaget ta efter?

Diani Beach i regn

Nästa morgon var det till vår besvikelse mulet. Aldrig får man vara glad. I matsalen fjamsade vi om pipen på kaffekannan, som heter tut på norska. Vi gör så ibland, jämför språken och har roligt. Odd-Erik ville vara hemma, men Tore och jag beslöt undersöka stranden. Vi tog en matatu till Likonifärjan. Just när vi gick ur matatun började det regna vansinnigt. Vi tog skydd under ett träd och tänkte åka tillbaka. Detta var ingen dag för stranden. Men samtidigt drev oss vår travellerinstinkt att försöka.

När det höll upp sprang vi nedför backen till färjan och halkade på den våta beläggningen. Bommen slog igen alldeles framför näsan på oss! Nå, det kom en ny färja redan efter tio minuter. Likonifärjan är omnämnd i Hofmanns bok *Den vita massajen*, och mycket av handlingen ägde rum i Mombasa. Jag tänkte en hel del på boken i Masai Mara, och nu började jag tänka på den igen. Färjan var jättelik och fullproppad med människor. Jag hade aldrig sett så många människor samtidigt. De gick, ledde cyklar och körde bil. Gratis för fotgängare och cyklister.

På andra sidan tog vi en matatu till Ukunda. En kvinna hjälpte oss, i gengäld bjöd jag henne på resan. I Ukunda bytte vi till Diani Beach och steg av vid Leisure Lodge. Det var ett riktigt lyxhotell, vi gick genom de eleganta arkaderna ned till stranden! Det var fortfarande mulet men varmt, vi satt på en liten servering och turades om att bada. En man klättrade upp i en palm och plockade ned kokosnötter som han öppnade och gav oss.

Jag promenerade längs stranden. Det var lågvatten och jag kunde passera några utskjutande klippor till ett annat hotell, Leopard Hotel. Massajer gick runt och sålde smycken, redan i Masai Mara hade jag lärt mej hälsa på massajiska: *Sopa!*

Nu kom en ny skur, det regnade så häftigt att vi tog skydd i en grotta. Där kom jag i slang med en man, kapten Djoma, som hade en glasbottenbåt, och en säkerhetsvakt, Lawrence. Lawrence tillhörde folkgruppen kamba, och vi satt länge och pratade om språk och identitet.

Tillbakaresan krävde tre byten igen, det tog drygt en timme. Matatu nummer två var speciellt rolig, den hade video och Hallelujah målat på vindrutan.

Framme i Mombasa berättade vi för Odd-Erik om vår dag. Det var en så fin dag. Tore och jag har haft en del syskonbråk den sista tiden, men inte idag, inte alls, vi har haft vår gamla samhörighet och upptäckarlust. Vi åt tidig middag på det nyöppnade Moonlight Restaurang på Nkrumah Road, nästan mittemot hotellet. Utanför fotograferade jag tre bedårande busiga småflickor i sjuårsåldern. På kvällen satt vi och tramsade i receptionen och drack Martini och tittade på min inspelning av gorillorna. Vi planerade för helgen, vi ska åka till Diani Beach igen. Tore och jag har ju varit där som förtrupp nu och vet hur vi ska åka.

Diani Beach i sol

Vi åt frukost och checkade ut. Samma procedur som igår, matatu till färjan, sen byte i Ukunda. Matatu nummer två blev stoppad för kontroll av säkerhetsbälten. Lyckligtvis hann alla passagerarna få på dem i tid och fnissade förnöjt. Denna gång åkte vi söderut från Ukunda. Vi letade efter hotellet Tradewind som Tore kände till. Vi gick och gick, men det var nedlagt. Vi antog att vi kunde finna ett enkelt hotell längre norrut, bara någon bungalow eller så. I vår Lonely Planet verkade hotellen ligga som ett pärlband längs kusten. Vi gick i den stekande solen längs stranden utan minsta skugga. Hela tiden hade vi jobbiga fixare omkring oss, jag kallar dem strandormar, som ska fixa det ena och det andra men inte det man behöver. (Det märks kanske att jag blivit trött och sur.)

Till sist hade vi kommit ända fram till Leopard Hotel från igår. Vi gick upp och mötte en ung kvinna som tog oss till receptionen. Vi var ruggiga och tufsiga, och den eleganta receptionisten lyfte på ena ögonbrynet.

– Jag hittade dem på stranden, förklarade kvinnan.

Leopard Hotel var ruskigt dyrt, och vi gick vidare till Leisure Lodge från igår, det hade åtminstone överkomliga priser och var minst lika fint. Vi var alldeles utmattade och törstiga.

Nu skulle vi leva lyxliv. Vi måste vänta länge på att få rummet, en triplett, och hann både äta lunch, promenera på stranden och bada. Det är mest tyska och nederländska gäster här. En triplett kostar 150 USD som vi delade på tre, det får gå. Det ingick dessutom en stor lördagsbuffet – och idag är det lördag! – Pirate Night på Bahari Terrace med alla tänkbara sallader, kött- och fiskrätter, desserter, frukter i sagolika arrangemang. Under tiden spelade Super Zingaro Band glassiga melodier. Sen blev det dansföreställning av Starmix Cabaret, modern balett med traditionella inslag och magdans. Det var lite kallt ute, så vi gick in i baren. (Nytt ämne för en bok: Varför är det så kallt i Afrika?) Jag tog en Kenya Gold, och en till.

Nästa morgon smög jag mej upp redan sex för att titta på soluppgången. Jag satt på terrassen när jag hörde någon komma. Det var Tore! Vi gick ned till stranden, och sen kom Odd-Erik också. Den

124

var en så ljuvlig fridens morgon. Solen gick upp som en eldröd kula när vi tog ett morgondopp. Jag tog ett litet sandprov i en plastburk, en sån man har film i.

Jag samlar på sand. De står i småflaskor i fönsterkarmen i mitt kök i Sverige och har namn efter stranden eller orten eller ön, inte efter landet. Sand känner ingen nationalitet. Jag har sand från Åhus, Falsterbo, Båstad, Pulau Tioman, Waikiki, Saleapaga, Santa Maria del Mar, Tahiti, Moorea, Mimba, Padang Bai, Mombasa och senare Malindi. Sanden från Tahiti och Mimba är alldeles svart av lavasten.

Länge hade Falsterbo den tveklöst vackraste sanden bland världens stränder i fråga om vithet och finkornighet, men efter denna resa har den degraderats till andra plats, och på första plats är – Diani Beach, Mombasa.

Frukosten var en dröm med frukt, pannkakor, croissanter. Vi gick till stranden och badade alla tre. Det var högvatten, och nu kunde vi inte passera klipporna. Vi hade haft så många planer för denna helg, snorkling, glasbottenbåt, kamelridning. Jo igår gick det faktiskt några kameler med förare fram och tillbaka på stranden. Men då tänkte vi att det gör vi i morgon. Men nu när det är i morgon syns de inte alls till, och inte kapten Djoma, och snorkling går inte alls från stranden. Så vi blev sittande i våra solstolar, latade oss, badade, drack piña colada och blev lite fulla. Tore kom i bråk med en tysk, fast det var inte Tores fel. En regnskur, vi promenerade i den väldiga anläggningen, det doftade friskt efter regnet, bougainvillean prunkade. I en liten dunge kvittrade en flock gula vävarfåglar medan de for ut och in i sina hängande bon.

Sen eftermiddag lämnade vi hotellet. Skönt att vara tillbaka i verkligheten igen. Lyxliv och god mat är nog okej, och det hade inte blivit så dyrt. Lyxhotell är vackra, de har så harmonisk inredning och så vackra blommor. Men förhållandet till landets befolkning blir ojämlikt och otrivsamt. Jag skämdes att ha något med Leisure Lodge att göra och berättade för alla jag träffade att vi "visst inte bor på Leisure Lodge utan i Mombasa" och att vi "ska åka matatu dit".

Likonifärjan var mer än fullproppad. Det verkade som om hela Mombasa hade varit på landet över helgen. Det var den största sardinburk jag varit med om. Man fick inte ha klaustrofobi. Väl framme i Mombasa stannade jag på marknaden och köpte en mycket vacker kanga i grönt, orange och vitt. Portieren på New Palm Tree Hotel, Mr Francis, försökte förklara texten på kangan, men jag blev inte klokare.

Som alla kenyanska kangor har den ett tryckt talesätt på swahili: SINA PUPA NAICHELIE HASARA. Och som förra gången 1992 försökte jag få en översättning. Och nu lyckades jag inte ens på internet. Jag fick samma rum som förut, men Tore och Odd-Erik fick byta. Sen var det något strul med deras rum och de fick byta igen. De gick iväg för att beundra solnedgången från Fort Jesus, medan jag bredde ut kangan på bordet som en bordduk utanför mitt rum och satt och njöt av stillheten. Jag har kommit att tycka så mycket om mitt rum. Till exempel från badrummet kan man se ett höghus och några kokospalmer. Det är ju inget speciellt, men på något sätt kom jag att fästa mej vid just den utsikten. Middag åt vi tre på Lotus Hotel som låg alldeles bredvid. Det var en fin restaurang men förfärligt långsam. Jag fick min Chicken Curry Bombay efter en timme, de andra ytterligare en kvart senare.

Svart guld i Malindi

Jag vaknade fem av muezzin. Idag ville Odd-Erik stanna på hotellet, jag ville åka direkt till Malindi och Tore ville göra uppehåll i Gede. Kompromiss, Tore och jag åker till Malindi och gör en liten paus i Gede. Vi tog en taxi till busstationen och matatu till Gede. Jag satt inklämd mellan några kvinnor som pratade med höga vassa röster. I Gede steg vi av och gick längs den lilla bygatan. Där föll jag för en söt fotogenlampa av en gammal konservburk och för små bananknyten med snus! Tore gick in på Gede museum, medan jag gick tillbaka till stora vägen. Det gick 1 ½ timme.

Sen ville jag inte vänta längre utan tog en matatu till Malindi. Där fanns moskén Masjid Rawdhwa, en massajmarknad, en hantverksmarknad. Men var fanns havet? På Tana Guest House frågade jag en vänlig arabisk man i vit hellång klädnad om vägen till stranden. Jag passerade en stor marknad, en pizzeria, några dykaraffärer, men stan verkar konstig. Stranden är vild och helt öde. Marken består av svart sand med gyllene flagor, som guld. Jag tog ett nytt sandprov.

När jag gick där på stranden fick jag syn på en välkänd figur – Tore! Jag *visste* att vi skulle träffas, det händer lixom ofta att vi bara träffas utan att ha bestämt det, det är som ett slags telepati. Han tyckte också att stan verkade konstig, ingen strandpromenad, ingen stadskärna. Vi gick söderut längs stranden och försökte hitta något om snorkling men nix. Vi klättrade på klipporna ända ut till Vasco da Gamas pelare. Därifrån kom vi till en bättre sandstrand vid ett otroligt elegant strandhotell, Coral Key Beach Resort, med enbart italienska gäster. Några typer på stranden tiggde cigaretter på ett lite aggressivt sätt. Vakterna på hotellet var också otrevliga. Vi satt kvar en stund dock och badade i skift.

Från Coral Key Beach Resort tog vi taxi till centrum. Vi gick till Uhuru Park, som lät tjusigt ('Frihetsparken') men som inte var större än en gräsplätt, och försökte hitta ett café, gärna med havsutsikt eller vid någon form av centrum. Till sist hittade vi ett mörkt dystert ställe mitt i smeten där vi drack te, Chai maziwaste. En del fina konsthantverksbutiker dock.

Inför hemresan tänkte vi ta en matatu på gatan, men en underlig kuf envisades med att ta oss till New Market och busstationen. Samtidigt varnade han oss för alla som ville hjälpa oss och sedan kräva pengar. Det slutade med att han själv krävde pengar för att han visat oss en väg vi inte ville gå etc.

Bussen kom sent iväg, den stannade ofta, och i Mombasas utkanter lastade de av säckar. Vi var hemma först vid åttatiden på kvällen, och Odd-Erik hade hunnit bli lite orolig.

Odd-Erik hade nyheter: "Jeg hadde dårlig mage og tilbrakte dagen ikke langt fra toalettet. Etter endt besøk må man jo bruke papir, så også denne gang. Papiret befant seg oppå sisternen, da jeg strakk meg etter det slo albuen min bort i sisternen og da gikk den i gulvet med et brak. Vannet stod i veggen fra sprukne rør. Hva gjør man da? Med buksene på knærne og vann utover baderomsgulvet?"

Braket från cisternen hördes på hela hotellet och skrämde upp de andra gästerna. Så måste vi byta rum igen ...

Sista dagen i Mombasa
Odd-Erik var sjuk. De fick behålla rummet under dagen där han låg och vilade. Jag ställde in mina grejor där och gick ut på stan. På Salong Fadma klippte jag håret hos en arabisk frissa som konverserade kunderna växelvis på arabiska, franska och engelska. Hon var otroligt noggrann, men hon kladdade en massa mousse och spray i håret.

Vid Fort Jesus fick jag kontakt med en "frilansande" guide, Suleyman Abdalla som guidade mej i Gamla stan. Vi gick omkring i två timmar, han berättade om de olika stadsdelarna, den swahiliska, arabiska och indiska. Vi gick ned till hamninloppet. Sen satte vi oss i den gamla hamnen, där jag bjöd på en läsk. Han var lugn och mycket trevlig och vi utbytte e-postadresser.

Vid ett besök på hotellet tog jag in te och vitt bröd till Odd-Erik, han mådde bättre. På eftermiddagen spelade jag in muezzin från moskén på Digo Road. På Afro Café tog jag ris med kött och en Tusker öl. Det råder en väldigt trevlig atmosfär där, jag riggade upp min filmkamera i smyg och filmade "gatans teater", det vill säga lät kameran ligga på bordet medan människorna rörde sej på gatan. Sen hann jag precis gå till Gamla stan igen, köpte örhängen. Jag gick tillbaka i den ljuvliga eftermiddagshettan. Jag kommer att sakna Mombasa, fast fixarna på Moi Avenue är pest. På hotellet duschade jag och tvättade joxet ur håret.

Halv sju tog vi taxi till stationen, bordade tåget och hittade vår kupé. Tore och Odd-Erik försvann till restaurangvagnen, och jag la mej snart och sov ganska bra. Plötsligt vaknar jag och sätter mej upp. Var är jag? Ah, på Mombasaexpressen. I Kenya. Inget annat. Lägger mej till ro igen och somnar om.

Getingboet Nairobi

På morgonen tittade jag länge på landskapet med dess byar, barn på väg till skolan, en hjord zebror. Tåget var rysligt försenat, och halv elva ankom vi till Nairobi. Nu tog jag in på Omni Hotel, som ligger närmare huvudgatan och inte så förskräckligt inne i gyttret som Orchard Hotel. Tyvärr fanns inget vatten i kranarna, men en man kom med en balja. De andra fortsatte till Oakwood Hotel, mittemot Thorn Tree Café.

Jag gick ut i getingboet Nairobi. Det var betydligt varmare nu än tre veckor tidigare. Jaså det finns verkligen årstider här? På Uchumi supermarket köpte jag papayavin och Kenya Gold och de söta emalj-skålarna jag sett ut. Sen gick jag omkring på måfå och kände mej lite vilsen. På Ashley's Beauty Academy tog jag pedikyr. Det var en skön-hetsskola, och jag fick behandling av en elev, Kate. Hon var så behaglig och ägnade en timme åt mej och mina ömma fötter. Tyvärr satte hon på ett ilsket rosa nagellack.

På kvällen åkte jag med de andra till Ranger's Restaurant i Kenya National Park och tog grillspett. Restaurangen ligger bredvid ett vatten-hål och verkligen, en antilop kom ned för att dricka. Mörkret föll, och skarpa fågelljud bröt tystnaden. Det var så stilla, och det kändes lite vemodigt.

Vi åkte ganska tidigt tillbaka. Jag tänkte börja packa men orkade ingenting. Fortfarande inget vatten i kranarna. I baren pågick fylla, en kvinna var full, hon upprepade gång på gång:

128

– Han slog mej, jag älskar honom så mycket, han slog mej. De andra försökte få henne att gå hem. Ack ja.

Vaknade tidigt av skrällig CNN. Ingen fanns i tv rummet, tv:n levde sitt eget liv. Det fanns fortfarande inget vatten, men i köket gav de mej en hink kallt och en balja varmt, och jag lyckades duscha och tvätta håret. Jag fick frukost, sen packade jag och fick ställa bagaget i receptionen. På Thorn Tree Café träffade jag de andra. Först mejlade vi, och sen åt vi lunch på det trevliga Simmers på Kenyatta Avenue, fisk i kokosnötsås med ugali. Odd-Erik och jag gick till City Market, och där förlorade jag mej helt. Jag köpte två bananfiberunderlägg, en bedårande väska, en banantavla med en antilop. Odd-Erik fick dra mej därifrån.

Mina rosa tånaglar irriterade mej. I ett gatustånd köpte jag ett orange nagellack. Odd-Erik och jag gick till Moi Avenue västerut och hittade den trevliga Jazz Restaurant en trappa upp. Där satt vi på balkongen och drack Bitter Lemon, och på deras toalett målade jag om naglarna. Sen gick vi bort till det snobbiga Norfolk Hotel där Tore satt, och där tog vi en iste, den godaste hittills. Vi shoppade. Ethnic Africa på Muindi Mbingu Street var den vackraste heminredningsbutik jag sett. Jag köpte ett fat i täljsten, målat i grönt, orange, vitt, precis som min kanga.

Den *näst* vackraste heminredningsbutik jag sett ligger på Hornsgatan i Stockholm, African Touch. Dit ledde mej slumpen när jag just kommit hem, med svår Afrika-abstinens. Det blev lite prylar där också, samma färgskala: benvitt, ockra, rost, brunt, svart. Fast dyrare.

Tillbaka i Nairobi. Det började bli bökigt. Jag stötte på två män som följde efter mej och ville ha pengar, det gick inte att komma ifrån dem, möjligen var de knarkpåverkade. De försvann när jag hotade med en av de många vakter som kantar Nairobis gator. En tredje ville ha sex, honom kunde jag själv bli av med. Nu var jag lite upprörd. Jag flydde till Restaurant Simmers och pustade ut.

På kvällen åt vi avskedsmiddag på Thorn Tree Café, och sen satt vi i Oakwoods bar. Taxin med föraren Emanuel körde oss till Kenyatta Airport. Vi berättade att vi varit i Kenya och Uganda en månad och att vi var ledsna att behöva resa.

– Not enough, sa jag.

På flygplatsen var det grundliga säkerhetskontroller. Kl. 23.00 lyfte planet. Det är så sorgligt. Det är nästan bara vita på planet, resan är slut. Det har gått så fort!!!

Jag blundade som hastigast och missade nästan middagen. Rödvinet "Out of Africa", tillsammans med åksjuketabletter fick mej att sova mycket gott. Mina sista shilling la jag i Rädda barnen-påsen och så tittade jag på en musikfilm från Havanna.

Hemma igen

Jag sov och missade nästan frukosten också. Man får ingen mat om man råkar sova. Planet landade i London 5.20, och det var dags att skiljas från de två gutterne. Vi kramades och ska försöka ha en återförening. Nu blev det en dryg väntan, tre timmar, och inga pund hade jag.

Kl. 9.50 lyfte mitt plan mot Manchester. Jag kände mej vilsen. Vi hade knappt lyft förrän vi skulle landa, bara 35 min. I Manchester köpte jag ett nytt pengabälte, det kostade 7:50 pund och gick sönder i första tvätten. Kl. 12 var mitt sista byte, till Köpenhamn. Det var riktigt varmt, sol, 30°. Inte så illa, äntligen värme efter en månad i Afrika om man så säger. Men glad var jag inte. Det är svårt att byta kontinent så där. Några timmar här och några timmar där, och så är man i en annan kontinent, utan vördnad eller respekt för den kontinent man just lämnat. Jag var desorienterad och chockad och behövde vara ensam.

Jag blev mött vid stationen. På natten vaknade jag förvirrad och förstod bara resonemangsmässigt var jag var. Inte känslomässigt.

DEL III: CUBA 2004 Tore Gulbrandsen

Cuba

Jag är det du söker

När du kommer fram, ta en tur i en gammal amerikansk bil längs Malecón, föreslog en bok som the ultimate experience. Vi gjorde det då vi kom fram – men det var becksvart natt, inte solnedgång! Och något hände. Ann blev av med sin plånbok, antingen i taxin eller hos våra värdar.

För att komma i rätt stämning hade jag frekventerat Oslos caféer som hade en eller annan förbindelse med Cuba, som till exempel Hotell Havana, en deli på Grünerlökka, eller "Lökka" som invånarna kallar området. Cuba berör oss alla, oavsett vilken politisk ståndpunkt vi har. Befolkningen är inte *så* stor, Cuba borde inte ha den platsen i medvetandet hos folk, men Cuba har det. Så varför? För att ön är exotisk? P.g.a. färgstarka Castro, Che Guevara och ett famöst förflutet som gangstertillhåll och amerikanskt semesterparadis, Cubakrisen och amerikanernas bojkott? Som pojke minns jag Cubakrisen. Minns att mor var oroad, och oron smittade av sig. Jag förstod inte vad det rörde sig om, men att det måste vara något skumt, något med en atombomb.

Och Havanna, vilka drömmar har vi inte om denna bedagade skönhet? Förfallna byggnader, men förfallen storhet. I denna stad kommer verkligheten att överträffa de allra vildaste drömmar. Varje förutfattad mening kommer att visa sig fel, varje fördom bragd på skam.

Santerian hade jag stiftat bekantskap med på en utställning på Historiska museet. Bra att vara lite förberedd. Vi skulle göra en djupdykning i världens mest kristallklara diktatur som Vagabond hade skrivit år 2004. Landet är fortfarande i período especial. Perioden efter att många kommunistländer har fallit. Det är inte lätt att få hjälp från gamla vänner längre. Fast vänner och vänner. En kollega som reste mycket till Cuba under kommunismen har berättat för mig att förhållandet mellan cubanerna och de ryska hjälparbetare som försökte plantera in tung, rysk kommunism i det soldränkta Karibien, inte alls var så lyckat. Hon hade en gång stått i en hiss mellan en cuban och en ryss. Det hade varit en isfront! Detta var inte Järnridån, inte Bamburidån, finns det en Salsaridå eller Bananridå? Varför inte? Castros revolution kallades ju Rumbarevolutionen på sin tid. Och invånarna använder kanske dansen till att skapa en mur mellan verkligheten och drömmen, dansen blir rent materialiserad!

Nu skulle vi byta ut havregröt mot svarta bönor och ris, glögg mot mojitos, snöslask mot korallsand ... Men det fanns också andra omständigheter omkring resan: Ann hade just mist sin mor. Jag hade halvt måst locka, halvt dra med henne. Hon älskar ju att resa! Älskar värmen! Hon bara måste iväg! Vi hade tidigarelagt turen, biljetterna till Påsken var dyra, så vi hade gjort en kovändning och beställt till Vinterlovet. Hade utvidgat detta lite. Och naturligtvis, i januari hade jag fått en ryggprolaps. I Sverige förstår jag att prolaps är något annat än i Norge, men jag kan i alla fall försäkra att det är smärtsamt. Vätskan mellan ryggkotorna sipprar ut ... Det var frågan om jag kunde resa alls. Vi reser ju med ryggsäck. Skulle ryggen tåla det? Min läkare hade gått med på det, eftersom jag hade bedyrat att vi bara skulle till Havanna, inte åka runt. Och Havanna hade tillräckligt att bjuda på!

Ankomst Havanna

Enligt svenskan Maria Sandblad och boken "Kuba" hade hon sett livsfarliga ögon i samband med flygresan. Jag spanade omkring mig. Inte många svarta, livsfarliga ögon att se, inte ens efter att ha intagit lämpliga mängder Cardenal Mendoza, spansk brandy.

Det hade varit en lite dålig start. Jag hade ställt tre ringklockor, för säkerhets skull – trodde jag, men bara en ringde. Lyckligtvis. Sen körde Flygtåget på Oslo S iväg mitt framför näsan på mig ... Flög British Airways. Mellanlandade i London där jag träffade hennes nåd. Iberiaflyget var en timme försenat, men vi skulle hinna med Cubaflyget vidare från Madrid. Flygplatsen i Madrid var gammalmodig. Vi hade inte utsikt över den spanska högslätten när vi flög vidare. Vi flög västerut. Solen ville aldrig gå ned. Till slut måste den i alla fall ge sig. Strax före landning spelade ur högtalarna en enslig trumpet en sorgsen melodi, ett piano tog över ...

Landade sent, kl. 20 cubansk tid. Ingen buss. Vi måste ta en taxi. Inte mycket att se utom den svarta natten först, men så dök saker och ting upp. Palmer, ett monument, väl upplyst, långt borta, därefter förfallna byggnader ... Havanna ... Få människor ute. Körde vi inte en bakgata parallellt med Malecón? Så svängde vi ut och fick de malätna husen längs ena sidan. De såg malätna ut, väderbitna, mer än något hus eller stuga hemma i kära gamla Norge. Taxin tvärnitade, stannade utanför ett hus. Tomt. Bodde det någon här? Uppför en lång, brant trappa. Jo då, det bodde någon här. Dörren öppnades, vi förklarade, vi hade fått mail från Schweiz, vi skulle bo där. Men mannen som ägde den privata inkvarteringen hade inte plats. Det hade inte varit möjligt att kommunicera via internet på två månader. Organisationen i Schweiz hade svarat så för att hjälpa oss igenom passkontrollen. Men mannen satte sig i rörelse via telefonen. Under tiden njöt jag av detta ställe där vi inte skulle få bo, han hade inte något ledigt för den tid vi skulle vara på Cuba. Ett mycket rymligt rum, rymligt för att det var 3–4 meter upp till taket. Gamla, spanska möbler. Kristallkronor i taket. Kitschprylar, plastfrukter och veritabla antikviteter. Fönster ut till en terrass med utsikt över Malecón och havet. Förargligt, detta var ett drömställe ...

Men mannen skaffade oss ett rum mitt i natten. Alldeles runt hörnet. Han hjälpte oss ändå att bära bagaget. Parallellgatan, men inte själva Malecón ...

Bankade på, en matrona till kvinna låste upp. Vi fick var sitt rum. Hennes nåd fick en boudoir med en elegant rokokosäng, jag något mer sansat, men likväl grandiost. Trötta la vi oss genast efter formaliteterna. Iddes inte ens ta en tur ut i omgivningen.

Ut i ett nödvändigt ärende mitt i natten. Lät dörren stå öppen, ville inte fumla med att låsa. La mig igen, och vaknade några timmar senare av något, något levande, ett djuuur! Spratt till i förvirringen och halvmörkret. En av ställets många katter hade naturligtvis smugit sig in och lagt sig på en förbjuden älsklingsplats ...

Morning has broken ... in Havanna ...
Upptäckte möjligheterna till morgonte. Fick det, härligt. Lustigt nog var det ett galler framför den öppna utgångsdörren. En gång hade det kanske varit ett ståndsmässigt hus. Nu var ingångsdelen delad i två. Provisoriska skiljeväggar verkade permanenta, så permanenta de kan bli. En härlig entré eller förstuga, marmorgolv, en svängdörr in till ett matrum, gamla spanska möbler. Längre inåt den långa tarmen som lägenheten bestod av hade det säkert varit ett atrium, som nu lika permanent provisoriskt hade blivit försett med ett tak, det hade blivit omgjort till en mezzanin osv. Någon klarhet i detta fick jag aldrig. Den delen av lägenheten verkade så privat, katternas territorium. Men utanför sken solen över Industria som gatan hette. Det fanns många

speciella byggnader, ja här låg Havanna så som jag hade tänkt mig det, förfallet, bedagat, inte upprustat, men fullt av charm och romantik. Bortsett från gallret då ... Vi var i Centro.

En kort tur ut. God morgon Havanna! Inne igen vände jag mig från dörren, ännu inte klar att gå ut och möta Havanna. Vad gjorde hennes nåd? Sonen i huset strök förbi, lika ljudlöst som katten som om natten hade smugit sig in i mitt sovrum och lagt sig till rätta över mina trötta ben. Vad gjorde hennes nåd i sin boudoir? Jag drack upp resten av tekoppen i förstugan, La Sala, denna var avskild från matrummet, comedoren, med en fantasifull svängdörr. Och där, innanför, rumsterades det. Hennes nåd gjorde en närmast sömnig entré och vi fick frukost. 3 $ kostade den oss. Mer västeuropeiskt te, Ostfriesische Mischung ... Den andra sonen i huset var balettdansör, utbildad i Tyskland. Han hade säkert haft med det. Señora visade stolt upp fotografierna av honom. De hängde i matrummet. Guavajuice, kokt ägg, frallor, färsk frukt, papaya, guava, apelsin och ananas. Härligt! Alltnog, det blev inte frukost med utsikt över havet, men detta hus hade också sina kvalitéer!

Ann hade nu upptäckt att plånboken var försvunnen. Hon ville anmäla detta till polisen. Hon måste därför snällt vänta på dem medan jag tog en första rekognoceringstur ute.

Ned till Malecón i morgonsolen, fortet låg badande i ljus på den andra sidan. Havanna – den vita staden. Grönområden. Gamla, amerikanska bilar är absolut en del av gatubilden. De är för övrigt skyddade. Den spanska ambassaden var pampig, fullt av hoppfulla cubaner i kö runt den. Flotta byggnader. Förbi en kyrka, nedför en trång gata, till ett annat fort, nu polisstation. Till statliga Plaza de la Catedral. Mer intim än väntat. Vacker i solen. Satte mig på El Patio. Beställde te, men de hade inte (trots att jag såg tepåsarna). Sa jag hade mitt eget te och fick aqua caldo. Satt och skrev om föregående dag, njöt av livet och stämningen. Det visade sig att jag fick vattnet gratis, och ingen rörde en min eller tyckte det var konstigt. Kanske var det inte ovanligt, eller kanske var det så apart att de inte visste vad de skulle göra ...

Runt hörnet fann jag charmiga La Bodeguita del Medio. Helt säkert ett ställe som Hemingway besökte. Verkligen mindre än väntat, men efter flera besök fann vi lokaler bakom den främre baren. Här fanns också en andra våning. Flera kvällar avslutades med en mojito på detta ställe.

Ann väntade fortfarande på polisen. Det var mycket om och men. Telefonsamtal hit och dit. En från immigrationspolisen kom. Var det på sin dagliga runda? Gick han runt och samlade in papper från dessa privata rumsuthyrare varje dag? Det slutade med att Ann försökte ringa med mobilen för att spärra kortet. Det gick inte. Vi måste ut för att spärra det.

Uppför Prado, livligt, ett parti mitt i gatan med skuggande träd, något à la stämningen på Unter den Linden. Upp till Parque Central. Här låg Hotel Inglaterra med den fantastiska teatern, Gran Teatro de la Habana, som granne. Vi skulle finna en bank, något vi gjorde. Men de kunde inte spärra Visakortet, man kunde knappt använda det här. Tillbaka till Inglaterra. Jag satt ute på terrassen, som hette Café El Louvre. Intog lunch, sandwich enligt menyn, men det var toast och en rad grönsaker runt på tallriken. Cola till (tänk – en amerikansk produkt ...) från Mexico visserligen. Vi tog ett svep inom också. Internet som fungerade här. Ann lyckades ringa och spärra kortet.

Turister i Havanna

Vidare nedför Obispo, en av de gamla huvudgatorna. Såg El Floridita, men det var ännu för tidigt med en cocktail. Vi hade kanske behövt och förtjänat en, men ... Obispo var ganska modern. Fullt av folk och butiker. Vi tog en sväng inom några bokhandlar överst på gatan. Inte så gamla hus, några fanns det, och inne mellan butikerna låg caféer och barer utspridda. Vi tog av nedöver San Ignacio och kom ut på Plaza Vieja. Fina, mysiga byggnader runt om. Men vi skulle finna Convento Santa Clara. Och det fann vi. I svenska färger! Gult och blått! Lugnt, men inget speciellt. Kom tillbaka hit en gång senare och njöt av den övervuxna klostergården, nu en snårskog till trädgård. Vi kunde ha bott här, men vi fann att vi inte hade gått miste om något. Det låg lite ocentralt. Såg inte resten av klostret nu utan gick tillbaka och ned till havet. En stor hamnbyggnad blockerade utsikten. Såg fina Bar Dos Mermanos och fabriken Havana Club, det kända rommärket. Kom till Plaza de San Francisco de Asis med basilikan med det höga kyrktornet. Här låg också Café del Oriente. Men vi fortsatte tillbaka till Plaza Vieja. Satte oss ute på Taberna de la Mualla. Prövade malta, som visade sig vara inte mörkt öl utan vörtöl. Ett gammalt ställe som var moderniserat, höga, eleganta pelare. Man kunde se bryggeriets kopparkittlar. De sålde öl på ett slags tappapparater!

Sightseeingen var inte slut. Runt platsen låg en rad ståtliga gamla byggnader. Vi besåg Casa de los Condes de Jaruco. Nu fanns här olika konstgallerier. Dessa gamla palats är alla byggda på samma sätt, med en central patio. Fortsatte tillbaka San Ignacio förbi Café de Paris igen. In i souvenirbutiker, kom till Plaza de la Catedral och El Patio. Upp till La Bodeguita, vacker sång. Eftermiddagste på El Patio, ute på torget. Först hade de inte te, så hade de! Det kom snabbt. Våra första mojitos till. Ett salsaband underhöll. La Bodeguita hade inte te så vi drog hemåt. Ut för att njuta av solnedgången på Malecón. Solen försvann först bakom en byggnad, så bakom molnen, inte så mycket att skryta med, men vackra färger på himlen. Smuttade på medburen härlig spansk brandy, som vi brukar.

Lite skumt då vi lite senare på kvällen gick ut, mörkt, många människor. Tillbaka till El Patio. Mycket folk, musik, stämning. Satte oss ute under arkaderna, men de billiga rätterna (runt 10 $) var slut. Hennes nåd önskade då inte att kasta glans över etablissemanget en minut längre, så vi satte oss i rörelse. Aristokratin har inte stora resurser längre ... speciellt inte x-aristokratin. Kunde sent omsider övertala henne att frekventera Hostal Tejadillo. Tog kyckling criolla med räkor (hennes nåd trodde det var bläckfisk ... hennes kunskaper i djurriket kanske inte är de bästa), moros y cristianos (ris och svarta bönor), en känd rätt på Cuba. Kalla pommes frites och grönsaker till, ett glas rödvin.

Ann måste också få uppleva La Bodeguita del Medio. Mojitorna smakade inte så illa! Många anser detta som en turistfälla, men jag upplevde ofta något genuint här. Bättre mojitos än på El Patio. Kanske de har skärpt sig. Verkligen liten lokal, dvs. själva baren alltså. Salsaband spelar, bartendrarna blandar, vi avnjöt våra mojitos ... Ny bardisk här, inte den gamla som var så full av atmosfär och inskriptioner. Vi såg den nyare delen baktill, där man kan äta. Kul ställe. Mest turister naturligtvis.

Vi satte oss ute på El Patio igen, te och kaffe. Vi gick hemåt längs stranden eftersom det var mer liv och ljus där. Avslutade dagen i förstugan med whisky.

Nästa dag gick åt till att gå runt och njuta av atmosfären i Habana Vieja, Ann var på marknaden, och vi möttes runt lunchtid. Jag fortsatte dagen med att jaga te. Försökte ta en cykeltaxi utan framgång. Det var visst för långt. Till sist satte jag mig och drack mitt eftermiddagste på El Patio, med Cuba libre (rom och cola) och mjuk chokladkaka till ... Det tog 20 minuter innan teet och drinken kom, 30 minuter innan kakan kom. De skulle arrangera den med frukt, men i alla fall. I gengäld var det salsa och cirkus på platsen. Cirkusen var unga människor på styltor. De gör visst det varje lördag. Ann kom och vi gick upp till Hotel Plaza. Massa ungdomar där. Provianterade cigarrer.

En daquiri på Floridita

Till Floridita, daquirins hemvist. En halvmörk lokal i rött med brun träinredning. Elegant interiör, pelare. En stor, stilfull bardisk med en målning bakom den och en ministaty av en dansande, naken kvinna. Det ska vara sensuellt i Havanna! I början kom det folk hela tiden och fotograferade sig själva bredvid Hemingwaystatyn. Denna hade fått sin egen cocktail! Vi tog också var sin. Härliga frozen daquiris! Det borde de vara, det visade sig att de kostade 6 $ per styck! Men de gör dem bäst här.

Tre unga amerikaner kom in. Vi kom i samspråk medan vi satt där i baren. En av dem studerade här och pratade lingvistik med Ann, jag tog mig an de två andra. Trevliga. De kan inte resa direkt från USA utan hade rest via Canada. Officiellt var de i Canada. Jag prövade en cigarr, lastbar i dag ... Vi satt längre än planerat, slappade, snackade med unga män.

Växlingskurs 2004
Valuta 1 USD = 1 CUP (cubanska konvertibla pesos) = 6:54 NOK (norska kronor) = 7:50 SEK (svenska kronor)
CUP följer USD. Vi använde aldrig CUP, bara USD och "vanliga" pesos
1 USD = (1 CUP =) 26 "vanliga/lokala/cubanska" pesos
Det har hänt mycket på Kuba sedan nov 2004. De har gett ut sin officiella peso CUP och lagt straffavgift på 10 % på US-dollar.

Prisexempel 2004
En te 1:50 CUP/USD
En öl 2 CUP/USD
En klase bananer 1 CUP/USD
En kokosnöt 1 CUP/USD
Enklare lunch 3 CUP/USD
Dyrare middag 9 CUP/USD
Trehjulstaxi inom tätort 2 CUP/USD
Taxi inom tätort 3 CUP/USD
Ett enkelt hotellrum 26 CUP/USD

Hur ser egentligen cubanerna på amerikanska turister? Är de soldater för en kultur cubanerna fnyser åt? Är de på Cubas sida, turisterna har ju varit olydiga och inte gjort som myndigheterna säger. Är alla backpackers kommunister som har kommit för att hylla Che, Castro och revolutionen? Representerar turisterna en skrämmande kompromiss?

Drog sent omsider vidare, till Hotel Plaza för middag. Amerikanerna drog till sitt. Det gick runt för mig, yr, vimmelkantig, illamående, pga. rökningen, som en olydig pojkvasker ...

Man har ett gott urval av matställen på Hotel Plaza. Los Portales var för kallt! Så det blev det mer förnäma Real Plaza. Vi tog kyckling i fruktsås. Först var jag fortfarande illamående, men brödet jag tog först hjälpte. Tog te och kaffe för att kunna väcka hennes nåd, som var på väg att somna. Nedför Obispo till Café de Paris.

Lördagskväll på Café de Paris

Två kraftiga, unga blankskalliga afrocubaner satt lutade med ryggen åt baren, övervakade det ångande, sjudande livet, lördag kväll. De var på jakt, de mörka ögonen svepte runt lokalen. Flera var på jakt. Hennes nåd hade inte nämnt deras ögon, antagligen var de för unga för hennes mogna smak ... Scenen består av unga människor, några äldre, som sitter med Cristal (öl). Vi med mojitos och piña colada. I baren en sömnig vit cuban. Vidare är här en annan anställd, en äldre vithårig, krumryggad man. En trollkonstnär går från bord till bord. Pop slungas ut, fyller inte lokalen då musiken fortsätter ut genom de öppna spaljéerna, ut på gatan. Här går folk upp- och nedför Obispo. Den nedersta delen av gatan är restaurerad för turisternas skull, men Café de Paris ligger högre upp, på övergången till den mindre restaurerade delen. Det är inte den enda baren i närheten, folk kan gå från vattenhål till vattenhål, lyssna på gatumusiken mellan Cristalerna eller dansa lite på gatan, lyssna på en sång eller bara se på de andra nattugglorna som travar upp och ned.

Ann har kvicknat till. Ögonen faller inte halvt ned. Antingen är det espresson eller också har sömntåget gått (det kommer igen efter två timmar enligt henne). Overkligheten går i vågor ... Häftig musik fyller gatan, fyller Havanna, lördagskväll på Café de Paris.

Själens ankomst!

Söndag morgon, vår tredje morgon i Havanna. Jag började få "the hang of it". Under frukosten sa Ann: "Jag har funderat lite ..." Hon sa detta medan hon la huvudet på sned. Det lät ödesdigert, speciellt som uttalandet efterföljdes av tystnad. Plötsligt bad hon mannen i huset att väcka den mörka sonen. Så slank det ur henne att kanske plånboken låg mellan lakanen som de just tagit ut eller något ... Ett oskyldigt uttalande? Señora tog illa upp. Det slags insinuationer ville hon inte ha hängande över sitt casa!! Hon skulle ringa efter polisen. Något sådant hade aldrig tidigare hänt i hennes hus! Så kastade hon oss verbalt och regelrätt ut ur huset!

Jag packade (fort). Värdskapet ville att vi snabbt skulle försvinna ur deras åsyn. Jag ville ha ett ställe att bo först. De föreslog Hotel Caribbean. Det var billigt. Jag ville ha Lido. De skulle ringa. Jag ville se rummet. Gick för att kolla. Fann Hotel Lido, en modern struktur. Såg ett rum, bra, litet, men ... 26 $ inklusive frukost, billigare än hos familjen! 5 $ extra för balkong. På vägen tillbaka träffade jag en man. Han hade en vän med en lägenhet på Malecón. Följde med honom, men "vännen" var inte inne. Han gav mig nyckelknippan och satte av till vännens mor, men kom tillbaka tomhänt. Vi avtalade att träffas kl. 12. Han blev med och hälsade på hennes nåd.

Nu fick jag veta att vi kunde stanna kvar! På kvinnors vis hade de mitt uppe i all cirkusen, efter gråt och tandagnisslan, lyckats försonas. Nu bad hennes nåd enträget om att vi skulle stanna kvar en natt till för att släta över de obehagligheter som måste ha väckts efter hennes något obetänksamma uttalande ... Kanske blev det något av lägenheten på Malecón också.

Nu ville jag köpa batteri till kameran. Vi hade planer på en utflykt till stranden och jag hade inte reservbatteri. Fruktade det värsta. Prado Foto hade öppet men inte den önskade sorten. Det fick vara så länge. Kanske skulle dagen bringa något med sig. Ned till Malecón. Passerade Hotel Lincoln. Vi kunde ju ta in här, men lite långt från det vi ansåg som centralt. Folk badade, men ingen kom för att visa oss lägenheten kl. 12. Tog lika gärna en cocotaxi, en litet trehjuligt fordon med rund form – som en gul kokosnöt – och puttrade iväg till Hotel Nacional. Detta för att få solen i ansiktet när vi gick tillbaka, men också för att pröva fordonet. En långtråkig sträcka där vi gick av, den bästa delen var faktiskt den vi redan hade gått. Som söndagstur var det ok. Inte mycket att se, men folk badade och vi njöt av den friska sjöluften.

Stack en tur hemom. Där var typen som skulle visa oss lägenheten. Vi blev med och såg. Vi skulle ha den ensamma. Fönster med havsutsikt. Ägaren kunde komma med frukost varje morgon. Men vad var detta? Inte ett casa particular som han hade sagt. Sådana hade en skylt som klart och tydligt gav besked. Vi hade blivit varnade. Detta var olagligt. Något som kunde ske var att vi kunde bli bestulna på saker ur bagaget medan vi var ute. Då kunde vi inte gå till polisen. Vi avslog därför erbjudandet och fortsatte ned längs Malecón.

Rundade hörnet vid forten och gick mer eller mindre längs havet tills vi kom till Plaza de Armas. Otroligt att vi inte varit här tidigare! Detta var flott! Torget kantades av mörka stenbyggnader, fortet med Havannas skyddshelgon på toppen av tornet och en park i mitten. La Giraldilla, Havannas skyddshelgon är för övrigt detsamma som används som varumärke till Havana Club. Såg långt in i barockpalatset Palacio de los Capitanes Generales, Cubas mest majestätiska byggnad. I pation här spankulerade påfåglar.

Hungern gnagde. Vi fann La Mina. Satt ute med strålande utsikt över torget. Tog te, aqua con gaz och fruktsallad. Härligt! Salsa och sol. 33 grader. Vi kopplade av. Vi hade kommit fram till Caribbean! Såg faktiskt tre Birgittanunnor. Denna svenska orden har ett kloster här. Vi gick så var och en för sig. Jag tog en runda runt torget, besåg Templete och Palacio de los Condes da Santovenia, nu Hotel Santa Isabel. Därefter upp till Hotel Ambos Mundos. Detta är kanske det viktigaste vallfartsmålet för Hemingwayentusiaster i själva Havanna. Det fanns ett rymligt café på första våningen där solljuset filtrerades genom gammaldags persienner.

Bort längs Mercadenes. Efterhand kom jag till en liten, trevlig plats med en staty av Simón Bolivar. Detta är nog en revolutionshjälte i Sydamerika, men en gammal. Kom också till Plaza de San Francisco de Asís. Men hade inte tid att se klostret. Här ligger också Birgittaklostret.

Tillbaka. I katedralen var det ljus och sång. En biskop låg på lit de parade. Nunnor, bl.a. de tre Birgittanunnorna var här, förutom en mängd andra präster och lekmän. Malmklang från klockorna i katedralen tonade ut över torget och mitt eftermiddagste på El Patio. Fortsatte eftermiddagsteet på caféet jag hade upptäckt på Hotel Ambos Mundos. Te och mojito inne i det vida, öppna caféet. En spelade piano, söndag eftermiddag, en varm söndag eftermiddag … men rätt kyligt här inne. Skrev och läste, vilket utmärkt sätt att dåsa bort en söndagseftermiddag på …

Solnedgång på Malecón, med Ann och Havana Club till. Den bästa solnedgång vi haft. Fortsatte att gå sicksack till Obispo. Hamnade uppe på La Mina igen. Nu till middagen med griskött, moros y cristianos och sötpotatis. Drack öl till, Bucanero (pirat). Det fick tankarna att glida till sjörövartiden här på Cuba. De hade inte brödpudding i vin, så desserten måste vi ta på ett annat ställe. Gick den korta vägen till Ambos Mundos. Hade nämligen också upptäckt deras takterrass, en överraskning för Ann. Te och glass. Det blåste lite. Inte mycket att se även om det i dagsljus var fin utsikt över Havanna. Havanna har inte mycket ljus att spendera på något sådant.

Inglaterra var nästa mål. Jag ville utnyttja söndag kväll till att maila vänner och bekanta. Måste vänta en god stund på att få en ledig maskin pga. ett ineffektivt system. Satte mig så i La Sevillana, den gedigna baren & caféet på hotellet. De hade inte te! På Inglaterra. De levde ingalunda upp till namnet! Tog istället en cykeltaxi till katedralen. Den var fortfarande öppen, ljus och musik strömmade ut. Satte mig ute på El Patio, te, skrev och njöt av katedralen om natten, söndag kväll ... Det var stilla, ingen salsamusik, av hänsyn till helgdagen eller den avlidna biskopen?

Under Cubas sol

Frukosten var försenad, mannen i huset måste ut och handla frukt. Utnyttjade tiden till att packa. Sedan betalade vi, något som också tog tid. Ut till Malecón. Sista chansen? Vi skulle ju flytta i dag. Sol från en molnfri, ljusblå himmel ... Fortet och staden låg i morgondis. Fiskare var ute i uppumpade bilringar. Det ser ut att vara en närmast miserabel farkost, bra till fiske i lugnt farvatten, men några ska också ha försökt att fly till Florida som bara ligger 150 km i rätt linje ut härifrån.

Vi skulle så flytta till Hotel Lido. Señora ringde efter taxi medan vi väntade i lilla eleganta La Sala. Señora hade alltid en bukett gladioler stående i en kristallvas här. Det första man såg när man kom in. Slutligen tog vi farväl. Om vi fick problem skulle vi bara ta kontakt. På mig verkade det som om señora hade en speciell plats i lokalmiljön. De olika grannskapen har ju revolutionskommittéer som ska se till att revolutionens bud beaktas. Kramar, vinkande.

Det var inte lång väg, ändå kände vi att vi nu var mycket närmare centrum. Installerade oss innan vardagen hann ifatt oss. Upp till Obispo för att klippas. Vi fick en tid. Jag behövde mer pengar. En sväng inom Hotel Sevilla, men de hade inte uttagsautomat, bara en kassa i shoppingarkaden. Denna var stängd. Båda klippte håret. Nu måste vi tillbaka för att betala hotellet. Banken vi var i vid Parque Central första dagen hade uttagsautomat, men bara för convertible pesos (dollar utställda av Cuba). Måste ta ut amerikanska dollar över disk inne på banken. Tillbaka på Lido betalade vi. Sedan var jag inom Harri's Brothers. Här fick jag batteri till kameran. De hade diafilm också om man behövde. Nedför O'Reilly. Vi kom ifrån varandra. Hamnade på Plaza de Armas. Köpte två samosas för 8 pesos styck! 1 $ = 26 pesos. Ingen dyr lunch alltså, och jag intog den på en bänk i den vackra parken. Utnyttjade så tiden till att se sevärdheterna runt torget.

Tillbaka på hotellet ringde jag en cubansk adress. En kollega på jobbet hade kommit i kontakt med en familj under sina besök på Cuba. Nu hade jag fått med ett paket till dem. Det vägde flera kilo, jag hade släpat med det trots mina ryggproblem. Lyckligtvis hade jag inte märkt så mycket av dem. Kanske solen hjälpte. Vi höll oss ju också i Havanna, reste inte runt med ryggsäckarna. Då jag inte kan så mycket spanska pratade jag med den vuxna sonen i huset på engelska. Han skulle komma och hämta paketet på vårt hotell. Under tiden åt vi middag på takterrassen till hotellet. Pizza verkar inte särskilt cubanskt, inte var den någon kulinarisk upplevelse heller, men det gick fort. Njöt av solnedgången här uppe.

Nere i receptionen kom sonen, med sin son. Denne hade loppor i blodet och sprang runt runt! Vi tog en drink, de fick paketet – och mitt bagage blev flera kilo lättare!

Det hade varit skönt att bara vara "hemma" i vårt nya hem, men hennes nåd ville till La Bodeguita. Vi gick dit, men där var det så stilla så vi satte oss i stället ute på El Patio. Inget te denna gång, så det blev ljus rom. Det var inte så fantastiskt, så jag avslutade kvällen på takterrassen till hotellet. Ett litet fyrverkeri lyste upp natthimlen. Capitolio ruvade i mörkret …

Till stranden?
Bara kallt vatten på det här hotellet. Upp till frukost på takterrassen. Denna bestod av te eller kaffe, ägg "any style" och frukt. Serveringen gick lite efter ingivelsesmetoden. Den kunde vara sen, man fick inte beställa. De olika delarna kom vid mycket olika tidpunkt, den varma drycken långt före något annat så den hann bli kall (påfyllning fanns inte), sista dagen fanns det inte varmt vatten osv., osv.

142

Capitolio syntes fint, men också alla de märkliga halvfärdiga och nedskräpade taken. Såg mycket avfall och sopor. Jag tappade nästan aptiten av det. Vi planerade dagen. Det blev en cigarrfabrik, den som låg rätt uppför Consulado. Capitolio för mig och Chinatown för Ann. Solen hade kommit fram.

Träffade Ann igen och vi bestämde oss för att åka till stranden. Hann med lunch på Hotel Sevilla. Fick sent omsider beställa te och fruktsallad. De hade inte té negro, men jag kunde få varmt vatten. Det var allt jag fick. Efter 40 minuters väntan måste vi gå för att hinna med bussen till stranden. Så måste vi vänta på den ...

På stranden!

Vi tog en buss från Hotel Caribbean. Varför bodde vi inte där? På Paseo del Prado, centralt. När vi nu var där tittade vi in. En gammal brun dammig reception. In i ett härligt rum. Kalt, väggar och golv i marmor. Högt, det verkade som om himlen var tak, men det var ett glastak. Ljuset strömmade ned och skapade en skön atmosfär bland bord, palmer och vita statyer. En doft av den gamla världen. Konstigt nog har den överlevt bäst här, här är den inte strömlinjeformad utan lite förfallen, mycket charmig. Förfallen storhet. Och det finns massvis av sådana undangömda platser här på Cuba.

Bussen var ny och flott, och hade inte bensinproblem. Den var dyr, kostade hela 1 dollar för 20–30 minuters körning ... Modern, bra musik, och vi var på väg till stranden! Det blev nog bra! Den körde oss genom tunneln vi hade sett, över till den andra sidan. Passerade stora, typiska anslag som ännu proklamerade revolutionens storhet och o-förträff-lighet ...

Men var skulle vi gå av, strandlinjen öster om Havanna är lång. Efter 20 minuter var vi vid några låga resorts. Var var vi? Vi valde på måfå. Försökte få lunch igen, men det slutade med en cola vid en swimmingpool. Rätt ned till stranden. Sanddynerna öppnade sig, palmerna var på plats, det doftade – blommor och hav! Åh, vilken glädje så här på midvintern, bara att riva av sig kläderna och hoppa i! Visserligen var det inte så många palmer, visserligen var det en vakt här, visserligen blev vi inte överhöljda med erbjudanden om turer, sex eller massage, men det *var* en cubansk strand. Inte mycket lokalt folkliv, fast de badar väl inte nu om vintern. Kanske låg de typiska turiststränderna längre bort, kanske var det utanför säsongen, kanske hade vi bara tur? Vi njöt av det hela. Solbad rätt upp och ned!

Upp till lunch på restaurangen som verkade halvt stängd. Fruktsalladen var lite blek och sur. Det blåste. Ann rättade några skrivningar som hon råkat ta med. Försökte orientera mig. Fann att vi var på Playa Santa Maria del Mar. Tillbaka till stranden, flera bad. Gick längs stranden. Tidigt blev det eftermiddagsstämning, lekte den gamle och havet. Vi gick bort över stranden, satte oss ned. Jag satt i sanden, på småstenarna och skådade ut över ... Var var nu den här fisken. Vad var min kamp? Var hade jag mist något? Vad satt jag kvar med? Nej, det var inte sådana tankar jag ältade. Jag bara njöt, njöt av en sommardag på vintern, njöt av solnedgången – och undrade om vi skulle få någon buss hem.

Vi hade flyttat tillbakaresan från kl. 16 till 18, och nu till sista bussen, kl. 20. Måste därför tillbaka till den blåsiga restaurangen för att äta middag. Nu blev vi attackerade av mygg. De bet och bet, måste till slut sätta oss under en fläkt för att få lite fred. Vi fick beställa. Så kom en högljudd grupp till ett grannbord, halvfulla, halvgamla män och purunga mulattflickor ... Männen pratade norska. De var vulgära, ovårdade, berusade ... Hm, några gånger skäms man över att vara skandinav. De här pratade uppenbarligen sinsemellan om vilken flicka som var deras, vad de skulle göra med dem osv. "Ömhetsbevis" och kyssar varvat med drickandet. Vi fann inte mödan värd att ge oss till känna. Varför skulle vi nu det? Bara pinsamt – för oss. Vi skyndade oss, åt våra kycklingbröst och försvann. Som goda purister försökte vi att glömma, men vi vet ju bara alltför väl ...

Ann var rädd för att missa bussen så vi var tidigt vid busshållplatsen. Väntade i mörkret. Men den kom och vi skumpade tillbaka. En skock ungdomar kom på. De skulle ha en natt på stan. Vi avslutade dagen i hotellets reception med drinkar. Takterrassen var stängd. Det blåste för mycket.

Gamla goda Hemingway

Under frukosten på takterrassen planerade vi Hemingwaydagen. Hotellet ringde efter en Panataxi. Den unga chauffören kunde nästan inte engelska. Vi avtalade inte något. Han ville tydligen veta hur långt det var, kanske för bensinens skull.

Under resan funderade hennes nåd på sitt tidigare liv. Hon berättade detaljer hon inte förut berättat, om bekanta i Polen, hur de tänkte osv. Slöseriet, det var väl så tankegångarna började. Det är ju stor knapphet på Cuba, likväl slösas det i vissa sammanhang. I Polen under kommunismen kunde vännerna köpa överdådigt vid vissa tillfällen, även om maten blev skämd innan man fick anledning att äta upp den. Visserligen ska cubanerna inte vara särskilt materialistiska, men vid vissa tillfällen slösar till och med de. Som på Mors dag, en institution på Cuba, eller "konfirmationen" (15-årsdagen, då flickorna blir kvinnor) till döttrarna där de blir fotomodeller för en dag. Familjen tar ofta upp ett stort lån för att klara att ge flickan en värdig festdag. Eller under festligheter för Santeriagudomarna.

Först till Villa Finca la Vigia, Hemingways hus. Det låg fint, i en härlig trädgård, sol och skugga … En härlig veranda. Vi fick inte gå in utan måste nöja oss med att titta genom fönstren till härliga, öppna interiörer. Det såg inte så pampigt ut. Konstigt att tänka på att här hade filmstjärnor och berömdheter varit och övernattat. Här var antilophudar, vita väggar, enkla möbler, tjurfäktningsaffischer och fotografier. Spriten stod framme, precis som han hade lämnat den. Cubanerna är väldigt pietetsfulla när det gäller att ta vara på minnen. Vi såg arbetsrummet, badet, sovrummet osv. Det hela var alltså omgivet av en härlig trädgård med tropiska växter. Vi satt lite i den bakom huset.

Här fanns också ett torn. Där kurtiserade han den venezianska grevinnan … Vi kom in i ett rum här, men inte överst där ett arbetsrum låg. Här var det en storslagen utsikt mot Havanna, och amerikanska turister. Läste lite av Hemingway medan vi var här.

Trädgården var stor. Gick ned till swimmingpoolen där Ava Gardner badade naken, och till hans båt. Runt swimmingpoolen brukade Hollywoods jetset festa, nu låg det stilla … Fråga inte för vem klockorna klämtar, de klämtar för dig …

Till sist såg vi in genom fönstren till gästannexet. Stämning av stugby, här övernattade jetsetet. Ännu konstigare att tänka på. Det var enkla möbler också här, inget utstyrt.

In i souvenirbutiken där de inte sålde böcker av Hemingway, men om Che Guevara och Castro … Refreshments, men inte te.

Vi gav oss av efter två timmar, till Cojimar. Lantligt. Blev avsatta vid La Terraza. Den unga chaufförren ville nu ha 15 $ för taxituren. Det var OK, men han ville också ha 20 $ för att ha väntat två timmar vid Hemingways hus. En cigarrarbetare får 1:50 $ per dag om han är snabb … Vi gav honom 20 $ totalt. Vi gick. Han skulle tillkalla polisen, ropade han efter oss. Vi tog ingen notis om detta utan gick en tur längs en bukt i lantliga omgivningar. Ut på en udde med fin utsikt mittemot fortet. Några fiskade. En skock pionjärer kom. Vi kunde bada men nöjde oss med att vada. Söndagskänsla denna onsdag. Tillbaka. Ann köpte mat i en kiosk. Söderhavskänsla, palmer, det kunde varit ett dammigt ställe där. Ljuset var detsamma, stämningen.

Jag till La Terraza för att äta. Turistbussar stod parkerade utanför. Satte mig i rummet med utsikt mot havet …Ville ha omelett, men de hade bara seafood. I baren hade de daquiri, men inte te … Jag fick varmt vatten och lagade mitt eget te! Läste om Cojimar i Hemingways Cuba. Fortsatte nedöver huvudgatan. Fortet låg fint, likaså Hemingway-monumentet, skinande vitt och fint i solen. Fortet vaktades av militär. Militärt område, tillträde förbjudet.

Hade fortfarande inte ätit. Försökte hitta fruktsallad, men till sist blev det ett paket torra kex … Satt i en parkplätt med iste och kexen. Några badade här. Det kunde vi också, men …

Upp några bakgator. Små mysiga hus. Fann en busshållplats, och bussen kom strax! Snacka om tur. Ann, som var skyldig mig 1 $ betalade 1 $ för oss båda. Inga växelpengar. På en biljett jag plockade upp från golvet stod det 40 centavos. Ann bad senare om växelpengar och fick då 20 pesos tillbaka, alltså betalade vi 3 pesos var för turen. Rätt skall vara rätt!

Det finns flera minnen om Hemingway i själva Havanna. Viktigast är kanske Hotel Ambos Mundos. Han bodde ofta här, men det är strid om han egentligen skrev till exempel Klockorna klämtar för dig här eller om han också hyrde rum på ett annat hotell där han kunde sitta mer ostörd. De hade i varje fall en norsk utgåva av boken här. Han bodde på rum 511, som nu är museum. Utsikten från rummet har inte ändrat sig. Här står hans skrivmaskiner, sängen (en kopia) osv.

Nordahl Grieg besökte förresten Hemingway på Cuba. Han har skrivit om besöket i *På fisketur med Hemingway*.

Floridita, ”daquirins vagga” var Hemingways favoritställe, i varje fall tills de installerade aircondition och därmed också väggar som stängde ute gatulivet. Hemingway brukade ju också sitta på dessa barer för att finna karaktärer till sina berättelser.

Runt hörnet från katedralen, alltså mycket centralt placerat, finns helt visst ett av författarens vattenhål, charmiga La Bodeguita del Medio. Ursprungligen en speceriaffär. Säkerligen ett ställe Hemingway besökte, de har i varje fall en skylt över flaskorna där det står: ”Min mojito i La Bodeguita, min daquiri i La Floridita. Ernest Hemingway”.

De ska ha god kreolsk mat här! Flera kvällar avslutades med en mojito på detta ställe.

Nu finns det säkert flera ställen där Hemingway kan ha tagit en drink. Ett av ställena finns inte längre, "Sloppy Joe". Det låg alldeles vid Hotel Sevilla, men poppar kanske snart upp igen. Byggnaden finns.

Vi kom ända till Vedado med bussen! Direkt från Cojimar! Kom rätt till hotellet Habana Libre (tidigare Hilton), med Universitetet och monumentet från den första kvällen. Gamla mysiga hus här också, inne emellan de nyare. En sväng inom Habana Libre. Såg fresken utanför. Hotellet var modernt à la Östeuropa under kommunismen. Vidare, vi passerade Coppelia. Så ned över La Rampa, en berömd gata. Ned till Hotel Nacional. Hemingway var här under filminspelningen av *Den gamle och havet*. Efter förfriskningar här ville vi ta en buss tillbaka till vår del av Havanna men hittade inte busshållplatsen. Det slutade med en cykeltaxi. Ann hade på Nacional annonserat att nästa dag skulle bli "en lugn dag" för hennes del. Den började redan denna dag, före middagen. Var glad för att hon hade varit med på utflykten. Hon är ju inte särskilt begeistrad i Hemingway.

Ut ensam för att äta middag. Ville ha kycklingbröst i fruktsås på Plaza igen. Eller skulle Sevilla vara något att pröva? Det blev Plaza. Över till Floridita för te kl. 8. Därefter till La Bodeguita del Medio. Ville avsluta Hemingwaydagen här. Här var det liv! En bra salsaorkester spelade. De sjöng och dansade med publiken, kul. Helt fullt, men det behövs ju inte så mycket. De anställda dansade med. Bartendrarna slog på flaskorna. Mojito. Så vräkte det ned! Tropikregnet strömmade ned. Vi drack mojitos och dansade. Salsan fyllde oss! Många bra, långa nummer. En gång när det regnade mindre betalade jag och vågade mig ut. Kunde gå ganska torr under takskägg och balkonger, men då och då måste jag ut … Blev dyblöt som väntat. Över Prado till hotellet. Det hade regnat in, vatten på golvet. Salsamusiken strömmade in från Havanna … genom tropiknatten, genom tropikregnet …

Orkan?

Gråväder nästa morgon. Det var ofta grått tidigt på morgonen. Nattens oväder var över. Vaknade ½ 6 av att vinden skakade om i takpannorna. Visserligen ligger Cuba i farvattnet där orkanerna kommer på väg mot USA, men det var inte orkantid nu. Det blåste bara lite.

Dagen tillbringades i Gamla stan och med att bese kyrkor i den delen av Gamla stan som inte är upprustad.

Senare försökte jag utforska Hotel Sevilla. Prövade takterrassen. Bara en hiss fungerade. Den rusade upp och ned alltefter som folk tryckte! Restaurangen på takterrassen var stängd. På bottenvåningen finns en härlig lobby med jalusifönster som gav kolonistämning. Efter ½ timme kom fruktsalladen ...

Middag på en paladar blev det inte. Vi hamnade i stället på Anns favoritställe nere i Obispo, Bosque Bologna. Jag tog brocheta (spett) de pollo och arroz moro y cristianos. Daquiri Mulata till.

Också Hotel Lido hade internet, visserligen få maskiner, men man kunde koppla av med cocktails till mycket låga priser. Daquirin var ok här också ...

Mojito
En kvist myntablad (yerbabuena) krossas i ett glas tillsammans med pressad lime, ev. citron, ½ msk brunt (helst) socker röres i, 6 cl rom, gärna Havana Club (mörk blir bäst), toppas med 2 droppar angostura.

Daquiri
6 cl rom, gärna Havana Club (mörk blir bäst), 2 msk grapefruktsjuice, 1 msk marasquino, 1 pressad lime, krossad is. "Papa"- (Hemingway-) versionen har dubbelt så mycket rom.

Forten

Nästa morgon slog vågorna in över Malecón. Detta var ett helt annat Malecón än det jag såg med fiskare i uppumpade bilringar bara några dagar tidigare. Vågorna slog över havsmuren.

Forten på den andra sidan av Havannas hamn stod på tur i dag. Vi fick en taxi på Prado som tog oss genom tunneln ända till Castillo el Morro. Den använde taxametern. Kände mig inte lurad. Vi kunde ha tagit en "kamel". Det var ombyggda lastbilar som släpade runt på en konstruktion som liknade två pucklar. Men dessa var vanligtvis över-fyllda, och möjligheten att antingen dra på sig könssjukdomar eller bli av sin plånbok var en realitet.

Varför dessa fort? Jo, spanjorerna samlade gods och guld från hela Latinamerika i Havanna. Därifrån skeppade de det till hemlandet. Ett sådant ställe blev naturligtvis en läckerbit för sjörövare. Forten klarade också uppgiften att hålla sjörövarnas segelskutor borta från stan.

148

El Morro var en stor koloss till byggnad. Bäst var bastionerna. Fin utsikt över Havanna. Havet slog rasande mot klipporna. Inne i kolossen hade de ett slags utställning om sjöfart, kartor och målningar av conquistadorer. Inget intressant bortsett från ett litet hörn om de ursprungliga indianerna. Ann ville pröva cubanska sockerrör. Hon tog med rom och lime. Speciellt.

Det tog inte lång tid att gå till det andra fortet, Fortaleza de San Carlos de la Cabaña. Området var stort – och öde. Nästan inga besökande. Lite söndagskänsla. Mycket var stängt, speciellt caféerna. Var inne i kapellet. Promenerade på bastionerna. Fin utsikt över Havanna. Stället skulle vara fullt av konstgallerier, barer, caféer, dyra restauranger osv., men vi fann alltså inte mycket som var öppet. Men El Bodesón fann vi. Det blev varmt te. Mörka moln samlade sig, skulle det börja regna? Vi hade tänkt ta en färja tillbaka, men hög sjö och Anns sjösjuka var skäl att inte göra det. Vi såg inga färjor heller. Kanske de var inställda, för gott eller pga. vädret. Gick till Casablanca, men då fästningen bara hade en utgång blev det en omväg. Blev erbjudna att köras tillbaka till centrum i en gammal amerikansk bil, men det luktade lite ugglor i mossen så vi tog en taxi i stället.

Bedagad skönhet

Avflagnade murväggar, igenspikade fönster, spruckna balkonger. Men först och främst är Havanna otrolig charmig, en storhet som sett sina bästa dagar. Delar av centrum är också restaurerade och står på UNESCO:s världarvslista. Det gamla centrum i Havanna har mycket att bjuda på. Delar av Havana Vieja är sådant som det var för hundratals år sedan, gammal, spansk koloniarkitektur. Detta med gamla, förfallna byggnader är det många som tänker på i samband med Havanna, men man tänker inte på hur mångfaldig denna kultur är.

Vi kan tacka revolutionen för att Gamla stan i Havanna står kvar. Batistaregimen hade planer på att utradera Habana Vieja. Banker, affärer och kontor skulle ta över. De startade rakt bakom Palacio de los Capitanes Generales, ett av de mäktigaste palatsen. Här blev det urgamla universitetet rivet och ett fult block kom upp i stället. Det skedde naturligtvis efter protester från arkitekter och andra kulturintresserade. Efter revolutionen var inte intressena från banker, affärer och kontor så stora ... Eusebio Leal är den som kanske har haft huvudansvaret för restaureringen.

Gamla stan är uppbyggd kring fem torg: Plaza de Armas, Plaza de Francisco, Plaza de la Catedral, Plaza Vieja och slutligen Plaza de Cristo. De är sammanbundna av gamla gator. Mellan Obispo och Obrapía föregår det mesta av restaureringsarbetet. Självfallet bodde det många människor här. De blev tvungna att flytta, för efter restaureringen är det bara ett fåtal som får flytta tillbaka. De flesta får bo i hyreskaserner i utkanten av stan.

Det var adeln och sockeradeln som bebodde de storslagna palatsen och de gamla byggnaderna. Från mitten av 1800-talet drog de sig till de svalare kullarna, Cerros, för att på slutet av 1800-talet bo i stadsdelen Vedado där man fortfarande kan se deras eleganta villor. I palatsen i Gamla stan flyttade andra in. I en byggnad där tidigare bara en familj bodde (visserligen med tjänstefolk) kunde 50 gånger så många familjer flytta in! Byggnaderna delades upp mer eller mindre provisoriskt, delarna blev omgjorda och förstörda osv. Husen hölls inte efter, och efter revolutionen blev det inte bättre. För att skaffa utländsk valuta lät man turismen åter bli rumsren och påbörjade restaureringen på allvar.

Låt oss börja en dag efter frukost på hotellet med morgonte på El Patio. Man sitter i solen och skriver. Torget är kantat av gamla byggnader, främst katedralen på den ena kortsidan. Men restaurangen och baren El Patio eller El Portal ligger själva i ett gammalt palats, Palacio de los Marqueses de Aguas Claras. Stället är känt för sin andalusiska patio. En gammal fontän porlar, stället översvämmas av gröna växter och längs väggarna i pation hänger fågelburar. Efter teet vandrar man till exempel över torget till Casa de Lombillo, ett av de äldsta husen i Havanna. Vackra valv och pelare, barockvalv in mot pation, samt balkonger invändigt. Detta palats var intrikat uppbyggt med flera patior. Av och till såg man unga flickor som poserade som modeller i fantastiska klänningar. De använde detta palats som bakgrund. Var det flickor som firade 15-årsdagen eller riktiga modeller? En tid var detta Havannas huvudpostkontor. Fortfarande stod här en stenmask som förr var brevlåda.

Vid sidan ligger Palacio del Marqués de Arcas. Vid första ögonkastet ser det ut som om de två är *en* byggnad, det är liknande arkader och pelare mot torget, men verandorna och fönstren är olika. Det höll på att restaureras. Besökte så ett tredje palats som ligger runt platsen, Palacio de los Condes de Casa Bayona, nu Museo de Arte Colonial. Det gav en god inblick i livet bland aristokratin på Cuba på 1800- och 1900-

talen, både för den verkliga adeln och för sockeradeln (de kunde bestå av samma personer). Enkelt utanpå, men tjusigt inuti. Jag satt i pation full av blommor, bananplantor och kungspalmer. Salsan strömmade in från gatumusikanterna på platsen utanför ...

En dag var katedralen öppen. Detta verkade sällsynt, så jag gick in. Enkelt inne tyckte jag, ett märkligt gult ljus som kanske silade in från fönstren. Lonely Planet, den kända guideboksserien, menade att byggnaden hade "a look of the great days of Old Spain about it". Jag vet inte om jag höll med om det. De tre freskerna i koret behövde restaurering. Såg ett speciellt altare med en Madonna på taket. Små votivhus var placerade runt omkring, eller kanske var det huspresentationer. De små modellerna representerade kanske hus den bedjande höll på att bygga eller önskade bygga.

Rundade ett hörn och kom till Calle Mercaderes. Här ligger faktiskt ingången till Palacio del Marqués de Arcos. Man skulle tro den låg mot torget, men nej då, huvudingången är mot denna snarast trånga gata. Den var kanske inte så trång med dåtidens ögon. Rakt mittemot har Andrés Carrillo gjort en stor och imponerande freskomålning, en spegel där palatsets fasad speglas med folk från 1800-talet.

Platsen har också souvenir- och hantverksbutiker men inte som för några år sedan. Nu ligger de flesta på gatan som fortsätter mot de andra stora torgen.

Nästa torg man kommer till är det storslagna Plaza de Armas. Torget är kantat av mörka stenbyggnader, fortet med Havannas skyddshelgon i toppen av tornet och en park i mitten.

Palacio de los Capitanes Generales är en av Cubas mest ståtliga byggnader, maktens centrum under lång tid. Byggt för de spanska generalkaptenerna, sedan säte för USA:s militärguvernörer, därnäst presidentpalats till 1920. Rådhus var nästa funktion, från 1968 stadsmuseum. I pation här spankulerade påfåglar. Förutom påfåglar kunde pation bjuda på en staty av Colombus. Originalversionen av La Giraldilla finns här, annars allt från religiösa föremål, statyer och målningar, köksredskap, vagnar, uniformer, vapen, hela rum i "klunkestil" (Biedermeier), ett tronrum osv.

En kvinnlig vakt vände sig till mig och började upplysa mig om vad jag såg ... En trevlig start, efterhand utvecklade det sig till ren guidning, och hon ville gärna bli belönad för denna ofrivilliga upprabbling. Själv hade jag helst varit den förutan, bara vandrat genom rummen i lugn och ro. Detta visade sig delvis svårt. Det var också möjligt att komma bakom avspärrningar, en gest som krävde dricks. Jag fick intrycket av att man nästan kunde ta sig ett bad i ett av de två berömda marmor- badkaren formade som snäckor bara man gav tillräckligt med dricks. Foton kunde man också knäppa på annars förbjudna platser.

Torget hade andra tunga byggnadsverk, till exempel Palacio del Segundo Cabo i barockstil. Mörkt och tungt. Nu rymde byggnaden en bokhandel och en patio där förfriskningar såldes av och till (inte medan jag var där, var inom flera gånger).

Fortet Castillo de la Real Fuerza upptar en stor del av torget. Detta är det äldsta kolonifortet i Amerika. Men det bjuder inte på särskilt mycket. Själv såg jag en utställning av modern konst, keramik. Från taket var det utsikt över stan och de andra fästningarna.

Vidare besökte jag det charmiga lilla Templete. Detta är byggt över den plats där den första mässan hölls. Detta skedde under ett ceibaträd. Ett sådant satt jag i skuggan av ute på trappan. Ett lite lustigt träd, grenarna går rätt ut. Ett litet byggnadsverk, inne var det bara plats till de tre stora målningar som visar evenemanget i exotiska skildringar.

Grannen är Palacio de los Condes de Santovenia. Intog mitt eftermiddagste där ute på El Globo. Satt i den härliga solen, grevens vapensköld prydde kopparna. Annars har palatset fått ett närmast grymt öde. Det är nu hotell, särskilt använt av tyska affärsmän. Hotellets personal är inte alltför noga med vilka gäster affärsmännen tar med upp på rummen och om dessa övernattar …

Jag läste i guideboken och planerade den fortsatta vistelsen. Var enda gästen. Ett band på sex personer spelade. Så kom 3–4 ungdomar, därefter en blandad grupp spanjorer, och äntligen min fruktsallad … En ung pojke dansade med två unga flickor (en i taget) och spanjorerna dansade. Det blev en fin stämning.

Alldeles intill torget ligger Hotel Ambos Mundos. Beundrade utsikten från takterrassen. Hemingways rum var stängt. Det öppnade logiskt nog just idag på den tidpunkt det enligt anslaget skulle stänga. Gick inom Farmacia Traquechel, ett fint gammalt apotek. I cigarr- butiken La Casa del Habano gjordes business över ett gediget skrivbord. I grannskapet, i Obrapía, låg Casa de Africa. Många av de gamla husen i dessa kvarter restaureras. Nu hade turen kommit till detta. En konsert var i gång, mitt i gatan. Casa de la Obra Pía (Barmhärtig- hetens hus) ligger rakt mittemot Casa de Africa. Detta är ett typiskt

Den vita staden, solnedgång över Malecón

Gata, Havanna

Plaza de la Catedral

Gata, Havanna

Katedralen

Port i Centro

Gata i Havanna med
en amerikansk skönhet

Capitolio

Början av Prado

Cojimar

aristokratiskt residens i Havanna. Palatset går i blått och gult, de traditionella färgerna i Havanna. En stor patio och en liten, här med en fin matsal mellan sig på andra våningen. På långsidan låg rum efter rum i klunkestilen. På taket låg tjänstefolkets bostäder. De var här väl bevarade. På första våningen brukade det finnas stall och djur. Här bodde också slavarna. Letade efter Casa de las Infusiones. Det var stängt sa två olika jag träffade.

På Plaza de San Francisco de Asís kan man slå sig ned på Café del Oriente, ta en förfriskning och bara se på folklivet. Jag gick in i marknadshuset Lonja del Comercio. Såg upp i kupolen. Fantastiskt! Merkurius kröner kupolen när man ser den utifrån. En venus stod och frös i de kalla, vita omgivningarna. Denna plats blev uppsnyggad för att tjäna som lokaler för västliga affärsförbindelser.

Platsen domineras av Iglesia y Monasterio de San Francisco de Asís. Det högsta kyrktornet i Havanna tronar över omgivningarna. Kyrkan var vacker, enkel. Vackra färger i stenarna, en trompe l'oeil i koret. Men som namnet säger var det också ett kloster här. Flera klostergårdar, den ena vackrare än den andra. I den minsta av de två patiorna satt jag vid en springbrunn som plaskade, en massa palmer och växter. Fullt av skolbarn. Hade köpt härligt, sprött bakverk på Plaza de Armas, fyllt med ost, skinka och guava. Åt denna lunch i dessa vackra omgivningar, innan jag gick upp en våning och njöt av de två patiorna ovanifrån. Skolbarnen hade skola här på andra våningen. De hade en härlig skolgård! Fortsatte upp i det högsta kyrktornet i Havanna. Lite darrig i kroppen, men storslagen utsikt. Det fanns också en liten grekisk-ortodox kyrka här. Castro behövde ställa sig in för några år sedan.

Uppför Muralla. Plaza Vieja är det fjärde av de stora torgen. Själva torget är lite för mycket restaurerat enligt min smak. Charmen försvinner. De moderna konstverken som är uppsatta kan gå an, men inte de alltför jämna stenarna i gatubeläggningen. Sightseeingen är inte slut! Runt torget ligger en rad pampiga gamla byggnader. Vi besåg Casa de los Condes de Jaruco, med övertäckta gallerier typiska för aristokratiska hem byggda runt 1737. Nu var här olika konstgallerier. Fortfarande var det ett palats som inte var upprustat. Det stöttades av en byggnadsställning, medan tvättkläder hängde i täta rader ute på balkongerna …

Över Plaza Vieja, via Calle Cuba till Iglesia y Convento de Santa Clara. Det var inte värt de 2 $ jag måste betala. En stor klostergård, men övervuxen och förfallen. Det luktade friskt i alla fall. Gick i gult och blått. Vi hade varit här förut. Kunde ha bott här. En gång var detta det första nunneklostret i Havanna, nu var det kontor och studentbostäder. Såg inte något till kyrkan.

Fortsatte en tur i ett stråk som inte är det allra bästa men som ändå hör till Habana Vieja. Stråket har dåligt med gatubelysning på kvällen, och även om Havanna är tryggt till och med på kvällen ska man inte utmana ödet och ta för många värdesaker med sig. Men nu var det dag och ljust. Kyrkorna jag kom till var stängda den ena efter den andra. Iglesia Parroquial del Espíritu Santo, den äldsta, existerande kyrkan var stängd för siesta. Vidare till Iglesia y Convento de Nuestra Señora de la Merced. Också stängd för siesta. Detta var de besuttnas kyrka förr. Söndagen efter gick jag tillbaka till dessa två kyrkor. Nu var det mässa i den första. Det var väl här det låg en solros på dörrtröskeln. En offergåva till en av Santeriagudomarna. Den andra hade en härlig klostergård. Lite ovanlig form, men fredligt här söndag förmiddag ... Fåglar kvittrade, solen sken, skyar strök ibland över himlen, vita statyer här, palmer, buskar och träd. En man lärde barn söndagsskolsånger, folk satt och läste eller bara vilade ... Då jag kom in i den vackra kyrkan, tillbad många Jungfru Maria-statyn till höger om ingången. Också en klädd i vitt, för statyn har också betydelse för santerian. "Stunningly beautiful interior", sa Lonely Planet, och det var det. Välvda tak med moln, klara freskomålningar ned över pelarna som annars verkade marmorerade. Mycket vackert. "Wonderful to enter any time ..."

Nu är stråket föga attraktivt. Gick ett långt stycke uppför Leonor Pérez till Museo-Casa Natal de José Martí. Här föddes alltså den största nationalhjälten.

Var nu uppe vid tågstationen, Estación Central, så jag passade på att se en del av den gamla stadsmuren, den längsta del som är bevarad. Som på Oslo Ö på 1950-talet stängde de spåren fram till en viss tid innan tåget skulle gå.

Fem kvarter uppåt Agamonte ligger Capitolio och man är i Centro.

Centro

Centro är stadsdelen vid sidan av Habana Vieja. I sig själv en gammal stadsdel, men medan man i Gamla stan nästan inte kan vända sig om utan att se något gammalt, unikt och lockande är det här längre mellan godbitarna. Inte så mycket är restaurerat, men det kan vara väl så charmigt. Som Industria, gatan där vi bodde. Gatubeläggningen bestod bara av hårdstampad jord, inte asfalt. Längs gatan låg den ena byggnaden pampigare än den andra, men i starkt förfall. I stråket runt Obispo är de gamla byggnaderna restaurerade, men inte här. Charmiga i allt sitt förfall. Man kunde titta in genom öppna dörrar på spruckna marmortrappor, säkringsskåp som såg ut som brandfällor, tvätt uthängd på eleganta smidesjärnsbalkonger, mormödrar och andra kvinnor hängde över räckena och pratade med grannarna eller folk nere på gatan. Folk hissade upp saker och ting från balkongerna, tomflaskor, mat, obestämbara bylten. Småbarn flög runt nere på gatan, män satt i dörröppningarna och rökte cigarrer. Det var en gatans teater utan like.

Stora delar av Centro är också bara trista hyreshus. Här finns mer affärer, flera hotell, flera restauranger.

Runt Parque Central har vi en rad av stadsdelens största dragplåster. Mitt på torget tronar en staty av José Martí, marmorn skiner vit i solen. Här möts det gamla och det mer moderna Havanna, och baseball-entusiaster för att diskutera favoritsporten i esquina caliente (det varma hörnet). Det gröna torget har en stor andel gamla amerikanska bilar och andra taxibilar som väntar på kunder. De är mer än villiga att ta dig dit du vill …

Strängt taget är det flera torg som närmast går i ett med Parque Central. Ett av dessa är Parque de la Fraternidad, tidigare spanskt militärt paradtorg. Här står Fuente de la India som är en marmorfontän med en staty av en stolt indiankvinna. Parken är granne till Capitolio. Den har ett stort ceibaträd planterat för att symbolisera förbrödringen (som parkens namn säger) av de amerikanska folken. Det står i jord från olika länder på kontinenten. Ursprungligen anlade man parken för att minnas upptäckten av Amerika. Såg också porten till Chinatown som inte finns.

Capitolio tronar över staden, väl synlig från ett otal positioner i staden, bl.a. från takterrassen till Hotel Lido där vi bodde i fortsättningen. Capitolio var pampigt, en försök att efterlikna Capitolium i Washington. Kom in under den gedigna kupolen. Storslagna rum, grandiosa. Rätt under kupolen satt det en diamant i golvet. Digra rum på varje sida, men också mindre. Tog rundan, en parlamentssal låg i var ände, två patior, eleganta salar som var olika mötesrum. Bolivars sal var gedigen, ett mörkt bibliotek avslutade rundan. Satte mig på caféet ute på en balustrad. Fin utsikt till Parque

Central, njöt av scenen som utspann sig, ständigt i förändring, en massa trafik.

Rakt bakom Capitolio ligger en av de mest kända cigarrfabrikerna, Partagas. En helt egen atmosfär här, charmigt slitet. Turer varje kvart. Rundan skulle ta 40 minuter, så vi betalade. Blev avspisade med en 25 minuters runda där vi inte fick fotografera. Inte så mycket vi såg, men det vi såg var fantastiskt! Det doftade här! Färsk tobak, annars var det 1950-talet i lokalerna, som gick i grönt och brunt. Vi såg och hörde den kända uppläsaren, bilderna av Che på väggarna. Och arbetarna rullade och rullade ... och pressade cigarrerna efteråt. För 40 $ per månad genomsnittligt. De bästa tjänar dubbelt så mycket som en läkare. Det går rykten om att Cohiba var Castros favoritmärke, men det var innan han slutade röka ...

Hotel Inglaterra är kanske det finaste av de gamla hotellen runt Parque Central. Det är i varje fall det äldsta. Baren La Sevillana har morisk prägel, detta var samlingsplatsen för skribenter. Trots namnet var det inte alltid möjligt att få te på hotellet. Grannen är Gran Teatro de La Habana på den ena sidan och Hotel Telegrafico på den andra.

Hotell Plaza ligger också vid platsen. Ett gammalt storhotell i Belle Epoque-stil. Det är 95 år. Livligt, ofta fyllt av salsamusik, men också restauranger där man kunde njuta av maten i lugn och ro. På första våningen finns det en vacker fontän. Vi var av och till inom för att titta i butiken, välfylld när det gällde cigarrer, cd:ar, rom och kaffe.

Gågatan Obispo startar här uppe, men den går in i Habana Vieja. Baren Floridita ligger också här.

Ned från Parque Central går Paseo de Martí, men de flesta använder det gamla namnet Paseo del Prado, eller kanske rättare sagt är det denna paradgata som går från havet och upp till torget. Gatan har en mittplantering och är kantad av gamla palats och ståtliga byggnader, som Casino d'España. De är lite förfallna, men mycket charmiga.

Här finner vi flera mindre hotell, men också Hotel Sevilla, som är mångas favorit. Ett gammalt storhotell där både spioner och diplomater bodde förr. Graham Greene skrev *Vår man i Havanna* här. Det påstås också att Hemingway dubbelbokade för att få vara i fred. Det ska således ha varit här han skrev *Klockorna klämtar för dig*. Det går självfallet i sevillansk stil (om ett sådant ord finns!). Nere finns en härlig reception där jag några gånger drack te om eftermiddagen då ljuset silade in genom gamla jalusier. Ett litet café finns här också, Patio

Sevillano. Nåväl, servicen här var inte den raskaste ... Längst upp har man en restaurang med en fantastisk utsikt. Jag var där en gång, men den var stängd. En som jobbade med att tvätta släppte ändå in mig. Stolt visade hon upp den fantastiska utsikten. De hade också en hel arkad av butiker, med möjlighet att växla.

Vedado

Detta var de rikas stadsdel, den gamla aristokratin bodde här en period. Stadsdelen kallas ofta det moderna Havanna, till skillnad från de gamla delarna Vieja och Centro. Men modern här betyder 1930-, 40- och 50-talen. Den gången var Havanna lekplats för amerikanska maffialedare, turister och filmstjärnor. Under förbudstiden var det här möjligt att få laglig sprit, man fick slösa bort pengar på casinona och här fanns prostituerade. Gangsterledarna byggde hotell, som Nacional och Riviera. Längs gatan La Rampa låg den gången som nu restauranger och nattklubbar. Under revolutionen intog Castro Hiltonhotellet och gav det namnet Habana Libre. Det var det största hotellet och revolutionsledarna hade sitt huvudkvarter här. Alldeles intill ligger biografen Cine Yara och Coppeliaparken.

Hotel Nacional byggdes alltså för gangsterpengar på 1930-talet. På första våningen var det butiker. Det påminde om en tågstation. Folk rörde sig rastlöst hit och dit som om de hade en tid att passa. Kanske var det en buss med tyskar eller nederländare som hade kommit in. Genom gångar kom vi till swimmingpoolen. Satte oss efterhand ute i El Bar, dvs. på terrassen. Härliga, stora korgstolar, mjuka kuddar, internationell standard. Salsamusik, te importerat från Spanien och goda cocktails. Vi prövade både Daquiri och Mulatta (finns visst i vanligt och fruset tillstånd, lemon juice, kakao, socker och gammal rom). Det finns också en egen rom som heter Mulatta. Palmerna svajade, vi myste. Gick ned och såg utsikten från trädgården, hela havsbukten, Malecón och fortet. Hemingway hade varit här, bl.a. under filminspelningen av *Den gamle och havet*. En annan gång jag var här kom jag ihåg att titta in i salen som en gång hade varit det berömda casinot.

Stället har också en cabaret à la den berömda, men mycket dyra Tropicana.

Tillbaka uppför La Rampa med alla restaurangerna, barerna och kantad av träd. Till Coppelia. Tid för glass. Elegant passerade vi varje kö. Med dollar är det bara att gå till utlandsavdelningen. Helt normal glass tyckte jag, inget speciellt. I denna park spelade man in filmen *Jordgubbar och choklad.*

En annan gång vi var i Vedado ville jag se universitetet. Det var stängt i helgen sa en vakt. Till Habana Libre. I lobbyn här träffade jag helt oväntat Ann! Vi tog en läsk tillsammans. Tittade i butikerna här. En kort runda i grannskapet för att se på herrskapshus. Från Coppeliaparken såg jag rovfåglar cirkla runt Habana Libre!

Ned till Hotel Nacional. En helt annan atmosfär än sist. Få drunknade i de enorma korgstolarna, kyligt, lite livlöst. Bara hotellhönan med kycklingarna trippade runt. På planen spankulerade två pärlhönor. Sedan kom två vita leghornshöns, tuppar, runt borden. Var annars i världen kan man uppleva ett lyxhotell med en gnutta hönsgård! Men teet och daquirin smakade bra. En grupp norrmän kom och ett salsaband. Gick ned i trädgården och njöt av utsikten, El Morro ... Inom casinot innan jag gick. Nu är det inte casino. Spel förbjöds av Castro. Tog en cocotaxi till Lido.

Yo soy un hombre sincero ... eller Good old Uncle Sam

Good old Uncle Sam's money ... Dollar ... ett magiskt ord. Vi behövde inte växla till cubanska pesos, också kallat cubanska dollar (inte detsamma som konvertibla dollar som är dollar utgivna av Cuba, tre system alltså!), vi använde helt enkelt fiendens pengar. Det gick utmärkt! På till exempel bussar fanns det ärliga chaufförer/konduktörer, och oärliga. De oärliga behandlade 1 dollar som 1 pesos, de ärliga behandlade den enligt kursen 1:26. Kunde man därför handla lokalt var priserna mycket låga, men för en rad produkter, nästan alla importerade, måste man handla i dollar eller annan hårdvaluta, och ingen prutning.

Det är inte länge sedan som cubanerna inte fick lov att ha dollar. Blev man tagen var det en månad i fängelse för varje dollar. Det var 1993 som privatpersoner fick lov att ha dollar, upprätta bankkonton i dollar och använda dollar i speciella butiker. Vidare blev det tillåtet med privata företag. Från september 1995 kunde utländska firmor äga verksamhet och egendom på Cuba. Före det var bara joint ventures med statsägda verksamheter möjliga (från 1982).

Detta ledde till att klassamhället återinfördes på Cuba, men nu är det inte längre hudfärgen som bestämmer. Det är skillnaden mellan dem som kan skaffa sig utländsk valuta och dem som inte kan det. Några kan nu skaffa sig varor och tjänster andra inte kan. Många har släktingar i utlandet. Gåvor från dessa utgör ca. åttahundra miljoner dollar varje år, mer än sockerodlingen. Turismen är emellertid den allra största inkomstkällan för Cuba.

En del blir desperata i jakten på dollar. Prostituerade kända som jinteras (ryttare) dyker upp i turistområdena. Men Kommunistpartiet hade fått ett andrum. Och 1996 kunde man skörda av det nya inbytet. Skatter blev pålagda. Men det gick så bra för de privata att en del privata verksamheter som konkurrerade med statliga måste stänga. Eller de pålades stora restriktioner.

Castro har måst öppna för privata initiativ, man har privata övernattningsställen, casas particular, och privata matställen, paladar. Restriktioner infördes alltså. Folk får inte tjäna *för* mycket. Övernattningsställena får inte ha för många rum, de måste betala en skatt för att få lov att hyra ut oavsett om de hyrs ut eller inte. Matställena får inte ha mer än 12 gäster osv., osv. Till och med dricksen som servitörerna får måste lämnas till ledningen. Det är statens egendom.

Vi ville pröva på att äta privat en gång. Vårt värdskap försökte flera gånger övertala oss att äta middag "hemma", men vi tyckte inte frukosten var så märkvärdig i förhållande till priset (de betalade ju cubanska priser) eller också hade vi inte tilltro till de kulinariska färdigheterna. Men en kväll var vi i akut kris och i närheten av ett av de mer kända privata matställena. Hade träffat en ung pojke som skulle visa oss en paladar. Det var ändå en bra bit. En rosa front. In i en speciell lokal, inte stor, röd med en massa urklipp längs väggarna. Vi kollade menyn. Vitsen med paladar är att det borde vara billigare än andra matställen, men en komplett måltid kostade 10 $. Det var rätt så dyrt. Det slutade med att vi ursäktade oss med att vi inte var speciellt hungriga än, och att vi kanske skulle komma tillbaka senare (något vi självfallet inte hade för avsikt att göra). Fick i varje fall visa hennes nåd att man inte sitter inne i någons vardagsrum medan tv:n står på och ungarna gör läxor. En gång i Saigon satt jag visserligen inne i madame en eller annans vardagsrum eller bibliotek och åt en utsökt middag.

Cubanerna lär inte vara materiella. Det är bra, med tanke på allt de måste undvara. Nu menar många att det amerikanska embargot bär skulden. Ändå är det ett faktum att det också är brist på fisk, socker och tobak! Detta trots att runt Caribien är havet mycket fiskrikt, och socker och tobak är Cuba verkligen känt för!

Ett existensminimum ska cubanerna vara tillförsäkrade. Det finns ransoneringskort, libreta, som tillförsäkrar alla bröd, ris, bönor, mjölk osv. Man kan se långa köer utanför bodegorna, de speciella ställen där dessa varor delas ut. Det finns också speciella butiker som säljer sådana varor till mycket låga priser. På de fria marknaderna kostar varorna kanske 20 gånger så mycket. Det är för övrigt delade meningar om kvaliteten på dessa billiga varor. Några lovprisar brödet som mjukt och gott, andra menar det är en hård, torr skalk.

Cuba räknas som ett land i tredje världen. Men hur kan man räkna med det till denna grupp? Cubanerna är ett intellektuellt folk. Undervisningen är god, hälsovården är på topp, även om moderna mediciner är en bristvara. Emellertid var detta områden där Cuba var långt framme i förhållande till resten av Latinamerika också under Batista. Konsten har goda villkor, film, litteratur, bildande konst. Men Cuba är också platsen med de bäst utbildade hororna, platsen där välutbildade människor måste köra taxi eller jobba i turistindustrin för att få det att gå ihop.

På Gran Teatro de La Habana kan cubanerna se opera för 25 centavos. Och då är det inte tal om tunga revolutionspjäser utan operor om kärlek och lidelse, till exempel Madame Butterfly. Men nu är det en svängning i kulturlivet. Att alla har rätt att inneha dollar betyder att folk nu använder mer tid på att skaffa sig materiella saker. Nu ligger kvinnorna med främmande män för att få nya kläder, andra vill ha tvål eller olja att steka i … Är det längre möjligt att vara un hombre sincero, en ärlig själ.

Jakten på té negro

Varubristen är påtaglig, också med amerikanska dollar. Cubanerna själva är alltså tillförsäkrade ett visst minimum, men vad med lite mer luxuösa varor, som te?

En dag efter lunch ute under träden på El Bosquesito gick vi uppför O'Reilly och kom rätt till Harri's Brothers. Det var ett slags varuhus. De hade inte te som jag jagade. Te är en strålande souvenir. Man kan laga en god kanna te och minnas platsen man har köpt den på. Vi prövade Hotel Plaza. De har nämligen också en butik. Denna hade cigarrer, rom och kaffe, men inte te. Nästa stopp var Hotell Sevilla. De hade en hel arkad av butiker. Blev rekommenderad ett apotek som låg i arkaden, men de hade bara örtteer. Ann gick "hem". "Hem" är där vi har tandborsten. När vi nu var här kunde jag ju dricka lite te i varje fall. Satte mig i Patio Sevillano. Några droppar regn kom faktiskt, men det höll snart uppe.

Jag gick också hem och frågade husvärden var man kan köpa te. Han föreslog La Epoca. Det var inte långt, bara uppför dammiga Industria, dammig för att den inte var asfalterad. La Epoca var målet. Kom bortom Neptuno och snart var jag utanför. En massa människor. Fick inte gå in med väska utan måste lämna den i en garderob, tillsammans med legitimationshandlingar. Cubanerna har sådana, för mig var det passet! Vågade jag? Kamera, massvis av smaskiga saker för fattiga cubaner. Måste ju. Tidigare var det få människor på sådana varuhus där allt måste köpas i hårdvaluta. Nu kunde alla handla, inte bara de översta i statsapparaten och de med släktingar i utlandet. Men te hade de inte.

Dagen efter gick jag bort längs Mercadenes. Kom på en butik med varor från China. Här hade de te! Jag som dagen innan hade letat och letat, så fanns det här, mitt i centrum! Till och med två sorter, rojo och negro.

Den sista dagen jag var på Cuba, en söndag, skyndade jag runt för att göra undan de sista göromålen. Kom till Harri's Brothers för att köpa film. Mer av en slump gick jag bort och såg efter te. De hade!

Hasta la Victoria siempre!
Che, Castro och José Martí

Revolutionen är ganska ung. Che var en av Castros handplockade. Men märkligt nog är det en annan revolutionär som nästan värderas högre, José Martí. Han var egentlig borgerlig, men kämpade mot spanjorerna och såg till att Cuba slet sig loss från Moderlandet. Nationalpoet är han också. Det finns också en indianhövding, Hatüey som var Cubas första revolutionär.

Che är ett kapitel för sig. Han kom från Argentina och studerade medicin. Liksom vi var han backpacker. På senare tid har hans motorcykeldagböcker kommit ut. Han for med motorcykel runt i Latinamerika. All fattigdom och allt elände han såg gjorde att han bestämde sig för att göra något åt det. Han deltog i revolutionära rörelser på flera platser, också i Kongo. Till slut blev han skjuten i Bolivia, 36 år gammal. Hans ben blev flera decennier senare uppgrävda av arkeologer och historiker och skickade till Cuba. Här blev de mottagna med stora hedersbetygelser.

Nu figurerar Che på t-shirts, krus, tändsticksaskar, skålar, vykort osv. Vi har också våra hjältar i Norge, till exempel Wergeland (barntågens fader, 17 maj), eller Michelsen (statsminister under unionsupplösningen med den svenska kungen 1905), eller kanske en polar-hjälte, Nansen eller Roald Amundsen? Kanske kung Håkon VII, vår kung under andra världskriget. Men skulle vi ha några av dem på t shirts? Nej. Vi har Edward Munchs *Skrik* på t-shirts, men det är för turister. Castro figurerar för övrigt inte heller på t-shirts. Man måste kanske vara död först, eller också hjälper det till. Nå, Che var ju en stilig karl då, sexy. Nu kan alla revolutionärer trycka honom till sitt bröst så att säga ...

I de flesta latinamerikanska länder vajar Jungfru Maria bredvid Wunderbaumen och den luddiga tärningen, på Cuba vajar bilder av Che. Här är det alltså inte Jungfru Maria och andre helgon som får ansvaret för körningen ...

Castro var godsägarson. Under en punkt av revolutionen förbjuder han till och med småhandel. Fattigfolk som äntligen lyckats slita ihop tillräckligt för att kunna köpa en korvvagn blev nu fråntagna till och med detta lilla. Förfäderna till Castro hade kanske varit med om att förtrycka förfäderna till dessa fattiga. Bittert. Revolutionen blir nu omvänd. Det är just sådan småhandel som har blivit tillåten, men tjäna inte för mycket, då kommer staten med skatter och restriktioner ...

På Revolutionsmuséet i det tidigare Presidentpalatset kan man följa revolutionen och dess centrala figurer i detalj, ned till vilken skjorta de hade på sig (eller var det underbyxor här också ... i varje fall fanns det en påse för smutstvätt här som Castro och brodern hade använt), rakdon, legitimationskort. Släktskap osv., osv. Här finns också det rum som Batista flydde från, upp en trapp. Kulhålen utanför är fortfarande synliga. Man kommer in en gedigen marmortrappa. Om man ser upp (och det bör man) får man se en fantastisk kupol! Själva byggnaden är smal, men här finns en byggnad bakom det storslagna palatset. Utställningen startade högst upp. Lite konstigt att se denna socialistiska utställning i sådana borgerliga omgivningar. Salón de los Espajos var tjusig. Något pågick här som jag inte fick klarhet i. Vid många bord satt en ungdom och två vuxna. Det verkade som en examen eller utfrågning. Om revolutionen?

Bakom byggnaderna är det en paviljong med större föremål, som flygplan, varubilar, tanks och raketer. Använda i samband med revolu-tionen.

Men här finns också ett annat ställe man bör besöka, Revolutions-platsen. En cocotaxi skulle ha 4 $ för att köra mig från Plaza de Armas, så jag hoppade i stället in i en Panataxi. Det var ett bra stycke och en taxi skulle vara behagligare. Chauffören valde San Lazaro, varför förstod jag inte när Malecón går parallellt. San Lazaro har t.o.m. trafikljus. Vi hamnade i en trafikstockning. Han kunde också ha kört Prado till Capitolio osv. Sedan körde han La Rampa och Paseo, också det en liten omväg, men storslagna gator. Såg många herrskapshus längs La Rampa.

På Plaza de la Revolución tronar José Martís monument. Byggnaden vars vägg pryds av en jättebild av Che finns här också, på kvällen syns den tydligt. Den är nämligen också gjord av neonrör ... Platsen omringas annars av stora utspridda höghus, nu ministerier. De är i sovjetera-stil, men ironiskt nog är de byggda under Batistaregimen. Det hela ter sig som en meningslös betongplats. José Martí tronar i jättestorlek på det gedigna Nationalmonumentet.

Platsen blev och blir använd till massmönstringar. Tidigare höll Castro många av sina långa tal här, men efter otaliga mordförsök är det nu sällan. Bakom platsen ligger regeringens kontor väl bevakade. Det sägs att Castro ofta byter övernattningsställe. Vad som händer när han går bort är ett intressant ämne att fundera över. Kommer Cuba att invaderas av amerikanskt affärsfolk? De är faktiskt lite sura på den amerikanska Presidenten, för embargot betyder att de inte får investera. Andra länder har inte samma politik gentemot Cuba så att till exempel spanjorer och nederländare gott kan investera på Cuba. De amerikanska investerarna kommer på efterkälken. Godbitarna kan nu snappas rätt framför näsan på dem. Men kanske kommer Mc Donald's, vi får se ...

Från revolutionsplatsen tillbaka till det mer centrala Vedado gick jag så Avenida de la Independencia. Ville se fortet Castillo del Principe, men det låg på en kulle omgivet av ett taggtrådsstaket. Började gå uppför trapporna, men en militär viftade avvisande med ett pekfinger. Ingenting att se nerifrån. Men kullen var omgiven av ståtliga gamla träd med luftrötter.

Buena Vista ...

Sitter på Malecón, dinglar med benen ut över havsmuren. Vågorna slår rytmiskt mot stenarna utanför, om och om igen, rytmiskt. En bil stannar i närheten, öppnar dörren – och ut tonar musiken. Man sitter på ett café, ett band kommer och snart förvandlas det hela till ett rytmiskt hav där folk reser sig, dansar. Folk kommer till, för att se, för att höra, för att dansa ... En bar passeras, och om så mitt på dagen tonar musik och sång ut genom spaljéerna. Dessa gamla barer är i alla fall öppna, öppna för vinden och havets röster, öppna så att man kan se ut på gatulivet, spana efter bekanta, följa med ...

Vem har inte hänfört följt med till Buena Vista Social Clubs smäktande rytmer. De har tillfört ett nytt sound. Eller Cubas grand old dame, Omara Partuondo. Dos Gardenias ... Chan Chan ... Guantanamera ... Musik kan användas som tortyr. "Överallt" hörde vi denna sista melodi. Egentligen är den vacker, men efter att ha hört den 20 gånger helt eller delvis i loppet av en dag blir man ganska trött på den ...

Havanna och Cuba *är* musik! Marengue, son, salsa, överallt dansade folk. För att uttrycka sin egen glädje, frustration eller svartsjuka, sällan för pengar. Detta blir *för* heligt. Till och med råbarkade karlar blir ömma om hjärterötterna när kraftfulla afrorytmer blandas med spanska poetiska melodier i en stil som åter fungerar som en tidsmaskin. Samtidens populärmusik är *son* (detta motsvarar country-musik i USA), medan salsa är cubanernas svar på jazz (utvecklad även den från *son*).

Flickan i Havanna

Varför blev vi aldrig antastade? Bara sällan hörde vi det visslande ljudet följt av frågor om vad vi ville. En kollega hade varit på Cuba strax före mig. Till och med när han gick arm i arm med sin fru kom de upp och frågade honom. Var vi på fel ställe? På fel tidpunkt? Gav vi så dåligt intryck? En gång i Afrika ville Ann donera sina gamla, utslitna t-shirts till fattiga hon träffade. De ville inte ha dem! Var det samma här? Inte försökte de lura oss att betala för drinkar eller något annat heller.

Och så gick dagarna i Havanna. Sol växlade av och till med regn ...

En kväll drog jag med hennes nåd till Hostal Valencia trots protester om att paellan här var dyr. Den kostade 5–6 $. Mysigt ställe. Detta ställe har vunnit VM i paellalagning i flera år. De såg inte färgstarka ut, men smakade förträffligt. Cristal till. Valencisk kräm till dessert, dvs. Crème Brulé. Detta är en spanskinspirerad villa mitt i Gamla stan. Andalusisk i stilen. Medan vi satt där började en oväntad flamencoshow. Bra saker, temperamentsfullt. Vi blev kvar länge.

Lördag i Havanna är härlig. På torget framför katedralen är det ett mer myllrande folkliv än vanligt. Vid hörnet av El Patio, på vägen upp till La Bodeguita, sitter mormor och röker digra cigarrer. Känner igen henne från flera fotografier. Hon tänder den ena cigarren efter den andra. Hon tar en dollar för ett foto, samma som flickorna på torget, utklädda i färgrika dräkter. Vid El Patio sitter också en vitklädd man, santeria? Trodde först han var en kvinna, men det är kanske meningen. Men han sitter inte bara här på lördagar. Så kommer cirkustruppen på styltor. De rör sig i loppet av lördagen i hela turiststråket med sina gycklerier, från katedralplatsen till Plaza de Armas och tillbaka.

Näst sista dagen gick Ann och jag ned till Malecón för att njuta av solnedgången för sista gången. Vi ville försöka äta middag på El Patio, eftersom det inte blev så lyckat där en gång tidigare. Samma sak upprepade sig. De "hade inte" de billigaste rätterna. Vi hade redan beställt dryck. Hennes nåd fnyste, drack upp och drog vidare i den cubanska natten ... Serveringspersonalen undrade vad det var frågan om, jag förklarade så gott jag kunde att La condesa inte hittade något som behagade ... Jag tog kycklingspett. Tillräckligt för två, vilket kyparen tidigare hade förnekat. Härliga, färska grönsaker. Moro y cristianos till. Härligt i den gamla pation. Springbrunnen plaskade, det var fullt av växter och fåglar i burarna som hängde runt omkring.

Ann kom tillbaka efter sin middag och vi gick till La Bodeguita. Några spelade. Mojitos. Vi gick runt och såg efter där det var liv. Det var det ingenstans trots att det var lördag kväll i Havanna! Bara på Café de Paris. Gick ned till Plaza de Armas, stilla. Inte säsong? Ann var förkyld och gick till hotellet. Jag satte mig på El Patio. Vi hade ofta suttit här. Några gånger måste jag som andra ha en tröja på, men inte hennes nåd, hon "använder aldrig en tröja söder om Bryssel". Tog en daquiri och eget te. Njöt av den sista kvällen i Havanna ... Fin utblick över katedralen ... En salsaorkester spelade ... "Kveldene i Havana har aldri hastverk med å møte daggryets forutsigbare plikter og skuffelser" säger Arild Molstad. Jag vet inte det. Salsabandet slutade spela kl. 23. Tror det också var stilla i La Bodeguita när jag passerade. Så Havannanatten till och med en lördagskväll blev inte lång ...

Genom mörka gator. Faktiskt strömmade musiken ut från lokala ställen då jag passerade Prado. Här var det en samling av människor. Väntade de på att komma in på ett diskotek? Kanske var vi i fel stadsdel, Vedado hade varit bättre.

Naturligtvis, helt på slutet upptäcker man något som gör att man får lust att komma tillbaka (och det är ju bra!). Till lunch upptäckte jag en fantastisk patio på La Mina, full av papegojor, katter och annat. I en bur fanns en märklig gnagare. Vet inte vilken art. Kanske var det ett lokalt däggdjur.

Daquiri på caféet i Hotell Ambos Mundos, inte frozen. Pianomusik. Avskedsmiddag. Drog från caféet i Ambos Mundos till La Mina för att äta. Vi satt i deras trevliga patio som jag upptäckt vid lunchtid. Det var rena Noaks ark! Påfåglar skrek, tuppar och hönor flaxade. Rena höns-gården. Det mörknade, men vi fick mat fort. Jag tog griskött i skivor med pommes frites och moros y cristianos med frijoles negros (svart bönsoppa) hälld över. French bread i likör till dessert, med friterad frukt. Ann tog kyckling och fick en hel!

Sakta gick vi tillbaka, förbi katedralen, La Bodeguita del Medio ... Vi såg månen, hade den "bubblan upp eller bubblan ned ..."? Månen uppför sig lite olika alltefter var på klotet man är. Hade bara haft sandaler på långa tider, nu var det på med skor. Taxin kom, men inte en Panataxi. Han skulle använda taxametern, men då vi gav oss iväg hade han inte någon taxameter. 12 $ ville han ha, därutöver höll vi på att bli koloxidförgiftade. Förbi Revolutionstorget, José Martís monument och Che Guevara på väggen. En modern flygplats. Flyget lyfte och vi såg ljusen från Havanna ...

Jag är det du söker ...

Mellanlandade i Madrid igen, och i London. Här tog vi farväl med en stor kram. Resor slutar ofta så, alltför fort ... London glödde som brokad under flyget då jag fortsatte ensam till Oslo. Yo soy un hombre sincero. Tänkte över hur svårt det måste vara att vara invånare i ett land där regimen tvingar de enskilda människorna att gå på ackord med sig själva. Castros revolution inte folklig, men möjligen stödd av folket, även om ungdomen har svårt att förstå varför resenärer har så mycket när de kommer från kapitalismens elände.

Jag är det du söker ... Ja var Cuba det? På ett eller annat förunderligt sätt var Cuba det. Politik är en sak, men vad med musik, mat, atmosfär, den slitna förfallna skönheten hos Habana Viejas byggnader ... minnena om Hemingway, de storslagna hotellen, människorna, gatulivet, den spontana utlevelsen, en bildörr öppnas och ut strömmar musiken, vågorna som hetsigt slår mot Malecón, en utsökt kopp te på El Patio ... lidelse, passion, plazor och patior ... Jo då, det var något där, något som inte kan gripas, något som inte kan målas, något som skälver, något som drar ... På Cuba kan det ofattbara bli fattbart ... Och Lady sings the blues i La Bodeguita ...

Hemingway skrev en gång i ett brev: "I have often wondered what I should do with the rest of my life and now I know – I shall try and reach Cuba." Kanske hade han ingen dold mening med det, kanske menade han att han ville försöka få fatt i Cubas själ. Kanske insåg han att det är svårt, kanske klarar man det aldrig ...

Cubachoklad kommer i varje fall inte att smaka detsamma efter detta! Och där var kärasten! Vi körde hem. Såg månen, den hade bubblan åt sidan ...

# # #

LITTERATUR

Referenser och fördjupningslitteratur *Obs!*
Endast till och med 2006

Östafrika

A Trail Guide to the Great Zimbabwe National Monument. The National Museums and Monuments of Zimbabwe, 1992

Caton-Thompson, G.: *The Zimbabwe Culture: Ruins and reactions.* Clarendon Press, 1931

Crowther, Geoff: *Africa on a shoestring.* Lonely Planet Publications, 1989

de Botton, Alain: *Om konsten att resa.* Wahlström & Widstrand, 2002

Dugard, Martin: *Mot Afrikas hjärta. Stanley & Livingstone.* Bokförlaget Prisma, 2003

Hofmann, Corinne: *Den vita massajen.* Wahlström & Widstrand, 1998

Hofmann, Corinne: *Den vita massajens dotter.* Wahlström & Widstrand, 2003

Lindvall, Ann: Afrika i vårt medvetande. *På lätt svenska, Lärar-PM 6/94*

Lodhi, Abdulaziz Y.: The Language Situation in Africa Today. *Nordic Journal of African Studies 2(1):* 79–86, 1993

Maitland-Jones, J., J. Aldrick & R. Macdonald: *The Old Town Mombasa. A Historical Guide.* The friends of Fort Jesus, 1989

Moss, Maggie & Gemma: *Handbook for Women Travellers.* Piatkus, 1987

Palmberg, Mai: *Afrika i skolböckerna. Gamla fördomar och nya.* Framtid för Afrika/SIDA, 1987.

Traditional living in Zimbabwe. Falls Craft Village, 1992

wa Thiong'o, Ngũgĩ: *Decolonising the Mind. The Politics of Language in African Literature.* East African Educational Publishers Ltd, 1986

Cuba

Bye, Vegard & Dag Hoel: *Dette er Cuba – alt annet er løgn!* Spartacus, 2000

Dogett, Scott & David Stanley: *Havana.* Lonely Planet Publications, 2001

Eggen, Torgrim: *Duften av Havana.* Forlaget Press, 2002

Finn Dominguez, Maria (red.): *Cuba in mind.* Vintage Departues, Vintage Books, Random House, 2004

Grieg, Nordahl: *På fisketur med Hemingway.*

Hemingway, Ernest: *Islands in the Stream.* Scribner paperback Fiction, Simon & Schuster, 1997

Miller, Tom (red.): *Travelers' Tales Cuba.* Traveler's Tales, 2001, 2004

Molstad, Arild: *I store forfatteres fotspor. Reisemål: Fjerne himmelstrøk.* J. W. Cappelens Forlag, 2000

Nichele, Franc: *Cuba, Evergreen.* Taschen, 2001

Palin, Michael: *Michael Palin's Hemingway Adventure.* Weidenfeld & Nicolson 1999

Sandblad, Maria: *Kuba.* Vagabond, 1999

Internetlänkar

Barnhemmet Shangilia: http://www.karibuni.org.uk/shangilia.htm 2006-03-19

Great Zimbabwe Ruins: http://www.archaeology.org/9807/abstracts/africa. html 2006-03-20

Kasubi Tombs: http://www.ugandatourism.org/Kasubi%20Tombs.php 2006-03-20

Språkfakta: http://www.ethnologue.com/ 2006-03-11

Världskartan: http://www.heliheyn.de/Maps/HowDo_E.html 2006-03-11

Övrigt

Lokala turistbroschyrer, lokala guider, kartor, tidningsartiklar, mm.

Tidskrifterna *Asiaweek* och *Eastern Times*

Div. utgåvor av *Vagabond*

KARTOR

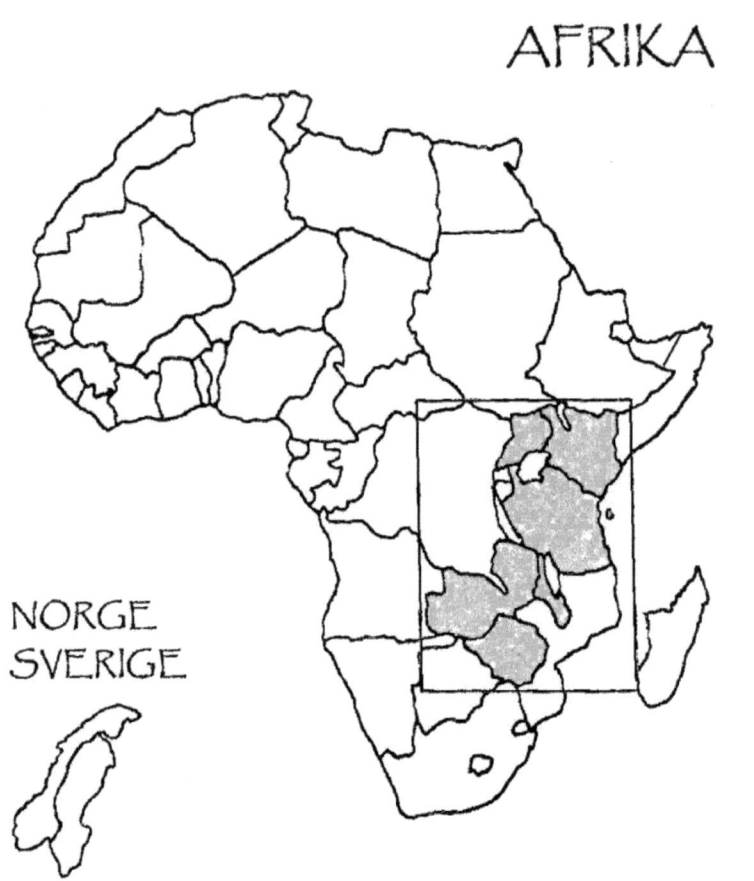

AFRIKA

NORGE
SVERIGE

ÖSTAFRIKA

MURCHISON-
FALLEN
TURKANA-
SJÖN
UGANDA
BARAGOI
KAMPALA
KENYA
VICTORIA-
SJÖN
NAKURU-
SJÖN
NAIROBI
MASAI
MARA
NAT.
PARK
MOMBASA
TANZANIA
ZANZIBAR

1992: ·······
2004: ‒ ‒ ‒

MBEYA

DARES
SALAAM

LIVINGSTONIA

CHIPATA
LILONGWE
ZAMBIA
LUSAKA
MALAWI
VICTORIA-
FALLEN
HARARE
ZIMBABWE
HWANGE
NAT.PARK.
GREAT
ZIMBABWE
RUINS

OM FÖRFATTARNA

Ann Lindvall Arika är född i Sverige. Hon har varit socialarbetare, lärare i svenska som andraspråk och föreläsare i ämnen som internationell migration och etniska relationer. Hon har skrivit läroböcker i språk och är fil.dr i lingvistik. Hon har rest mycket och är numera bosatt i Salomonöarna i Stilla havet, gift med en man ur folkgruppen kwaio.

Tore Gulbrandsen ble født i Norge. Han har vært lærer i ungdomsskolen og i norsk som andrespråk. Han har reist mye og har i de seneste år blitt kjent i India med sin Facebookblogg om indiske kongelige og adelige. Han er godt kjent med de viktigste kongefamilier i India og er aktiv med bevaringen av indisk kulturarv.